Ein Kapitel der deutsch-niederländischen Fußballgeschichte

Helmut Rahn und der Sportclub Enschede

Titelseite: Sportclub Enschede in der Saison 1961/62 mit Helmut Rahn im Mittelpunkt.

Foto: Henk Hilterman, National Archives of the Netherlands, Spaarnestad

Die Stadt Enschede war bis Ende der sechziger Jahre des 20. Jahrhunderts berühmt für seine großen Textilindustrien, insbesondere der Baumwollverfahren. Einige dieser Textilfabrikanten waren auch Sponsoren des Sportclub Enschede, unter anderem Van Heek & Co und Nico ter Kuile. Auf dem Bild die Sportclub-Mannschaft inmitten von Textilprodukten von Nico ter Kuile.

Von links:

Erste Reihe: Cor Luiten, Joop Janssen und Theo Kalter.

Zweite Reihe: Arend van der Wel, Helmut Rahn und Ruud Vondeling.

Dritte Reihe: Joke Weustink und Henk „*Charlie*" Bosveld.

Vierte Reihe: Huub Scherpenisse, Bertus van Zoeren und Johan Plageman.

Fünfte Reihe: René Dijckmans und Job Hoomans.

© 2020 Thorsten Moser

1. Auflage

Herstellung und Verlag: BOD - Books on Demand, Norderstedt

ISBN: 9783752648706

Für den Sportclub Enschede

Inhalt

Vorwort

Ende 1954 wurde in den Niederlanden vorsichtig mit einem (Semi-) Profifußball begonnen. Im August 1956 wurde die Eredivisie (niederländische Bundesliga) eingeführt. Der Sportclub Enschede war der einzige Verein im Osten der Niederlande, der von Anfang an mit dabei war. Die ersten Spielzeiten waren sehr erfolgreich, was teilweise auf die Anziehungskraft spezieller Spieler zurückzuführen war. 1955 überraschte der schwarz-weiße Sportclub Enschede die gesamten Niederlande mit der Ankunft von Abe Lenstra, dem damals besten Spieler der Niederlande. Als er fünf Jahre später ging, wurde er von einem Spieler abgelöst, der seit der Weltmeisterschaft 1954 ein absoluter Weltstar war: Helmut Rahn! Ganz Enschede und der Rest der Niederlande waren sprachlos. Der damalige Rahn Transfer wäre heutzutage mit einem Wechsel von Robert Lewandowski vom FC Bayern München zum FC Twente, dem Nachfolger des Sportclub Enschede in der Eredivisie, zu vergleichen.

Helmut Rahns Ankunft in Enschede ist mittlerweile sechzig Jahre her. Nur Fußballfans ab siebzig Jahren haben noch Erinnerungen daran. Für jüngere Menschen ist Rahn ein Mythos, falls ihnen sein Name überhaupt noch etwas sagt oder gar bedeutet.

Aus diesem Grund ist es für alle Fußballkenner von unschätzbarem Wert, dass sich Thorsten Moser die Mühe gemacht hat, die drei Jahre, in denen Helmut Rahn für den Sportclub Enschede spielte, detailliert zu recherchieren und niederzuschreiben, um dieses Kapitel der Vergessenheit zu entreißen. Moser konnte bei seiner Arbeit auf das umfangreiche Vereinsarchiv des Sportclub Enschede zurückgreifen, in dem seit langem ein Archivkomitee aus Henk ter Heege, Wim Kleine, Rob Wilmink und dem Unterzeichnenden arbeitet. Dank der hervorragenden Zusammenarbeit zwischen dem Autor und dem Archivkomitee des Sportclub Enschede wurde das Ihnen nun vorliegende Buch geschrieben. Natürlich hat Thorsten Moser den *Löwenanteil* der Arbeit übernommen und auf hervorragende Weise umgesetzt.

Wir können das Endprodukt jedem wärmstens empfehlen!

Im Namen des Archivkomitees des Sportclubs Enschede,

Ab Gellekink

Enschede, September 2020.

Einleitung

Der „*Boss*" in Enschede. Viel wurde spekuliert über Helmut Rahns Zeit in den Niederlanden. Dieses Kapitel in der Karriere eines der erfolgreichsten und besten Fußballer Deutschlands ist noch immer weitestgehend unerforscht und nicht eingehend dokumentiert. Dieses Buch soll versuchen, diese sporthistorische Lücke zu füllen. Die Archivare des Sportclub Enschede - Ab Gellekink, Henk ter Heege, Wim Kleine und Rob Wilmink - haben mich in Enschede freundschaftlich empfangen und haben ihr umfassendes und professionell gepflegtes Archiv für meine Recherchen geöffnet. Auch im Nachgang standen sie jederzeit für weiterführende Fragen zur Verfügung. *Bedankt voor jullie vriendschap en hulp!* Fernerhin wurde auf Literatur, wie beispielsweise die Sportzeitung Kicker oder aber das Sport Magazin, als Quelle zurückgegriffen. Den Hauptteil bildeten die niederländischen Zeitungen Telegraaf, Volkskrant, Algemeen Dagblad, Dagblad Tubantia sowie die Sportwereld. Auch Zeitzeugen und Anwohner kamen zu Wort. Geschichten und Anekdoten flossen mit ein, so dass sich ein recht komplettes Bild dieser Station und Zeit in Helmut Rahns Karriere ergibt. Da es nicht am Leser oder am Fragesteller liegt, ohne Anhaltspunkte nach Quellen zu fahnden, sondern es meines Erachtens nach am Behauptenden liegt, diese zu liefern, habe ich mich dazu entschlossen, die relevanten Quellenangaben direkt in den Text einfließen zu lassen oder entsprechend zu verweisen.

Ich wünsche Ihnen, lieber Leser und liebe Leserin, viel Spaß mit der vorliegenden Lektüre und hoffe, dass Sie beim Lesen ebenso viel Freude haben, wie ich bei den Recherchen zu diesem Buch.

Von Altenessen über Oelde und Katernberg nach Essen

Über die einzigartige Karriere des Helmut Rahn wurde in der Vergangenheit viel geschrieben. Einschlägige Artikel und Berichte, sowie Rahns Autobiografie „*Mein Hobby: Tore schießen*" erschienen und behandeln das Thema hinlänglich und sehr detailliert.

Dennoch möchte ich kurz die wirklich wichtigen fußballerischen Stationen und Erfolge als Einstieg und Einleitung nutzen wollen. Rahn wurde am 16. August 1929 in Essen geboren und trat als Neunjähriger dem Verein Altenessen 12 bei. Nach Kriegsende wechselte er 1946 zum SC Oelde. Obwohl er damals noch für die Altenessener spielte, nahm er an einem Freundschaftsspiel der Stoppenberger gegen Oelde teil. In diesem Spiel schoss er drei Tore für Stoppenberg – und dem Oelder Torhüter sechs Zähne aus. Nach dem Spiel traten die Oelder Vereinsverantwortlichen an Rahn heran und versuchten das junge Talent in die kleine Stadt zu locken. Der Unternehmer Rudolf Haver soll den Wechsel maßgeblich vorangetrieben haben. Die Vereinsführung um Peter Leeser bot Rahn einen Arbeitsplatz bei der renommierten Zentrifugenfabrik Westfalia Separator[1], ein geräumiges Zimmer und Verpflegung für ihn und seine Eltern. Rahn nahm das Angebot an und spielte sich in die Herzen der Oelder Anhänger. Für die Gegner des SC Oelde 09 gestaltete sich das weniger angenehm. In einer Saison erzielte der junge Rahn 54 Tore. Rahn war dem Fußball verfallen. Wenn der Platz an der Oelder Moorwiese noch nicht offen war, dann stieg er kurzerhand über den Zaun, übte Freistöße und jonglierte den Ball. Seinen Führerschein hatte er auch in Oelde gemacht. Naja – eigentlich musste er

---

[1] *Vgl. Werkszeitschrift „Die Trommel" - Westfalia Separator, 2007, S. 48*

die Prüfung zweimal machen. Nach bestandener Prüfung wurde er oft als Fahrer bei Westfalia Separator eingesetzt. Von Zeit zu Zeit fuhr er den Chef zu Geschäftstreffen.[2]

Die „Helmut-Rahn-Straße" in Oelde.

Foto: Moser

In der Saison 1950/51 wechselte Rahn zu den Sportfreunden nach Katernberg und sorgte dort mit seinen 15 Saisontoren für Furore. Zu Beginn der Spielzeit 1951/52 wechselte das 22-jährige Sturmtalent dann an die Essener Hafenstraße. Zahlreiche Vereine, unter anderem Schalke 04, umwarben Rahn und wollten ihn verpflichten. Trainer Szepan bot ihm 1.000 D-Mark und ein schön eingerichtetes Zimmer in Gelsenkirchen.[3] Rahn entschied sich aber für Rot-Weiss Essen. Die Mannschaft dominierte ihre Gegner in der kommenden Spielzeit nach Belieben. Von den 78 geschossenen Toren fielen sagenhafte 59 Tore auf das Sturm-Trio Rahn, Gottschalk und Termath. Mit fünf Punkten Vorsprung auf Schalke gewannen die Essener die Westdeutsche Meisterschaft. Zuhause an der Hafenstraße gab man nur einen Punkt ab.

In der Folgesaison 1952/53 stießen Franz „Penny" Islacker und „Der fliegende Schulmeister" Fritz Herkenrath zur Mannschaft.[4] Prompt wurde RW Essen mit Helmut Rahn Deutscher Pokalsieger. Nach Siegen über Regensburg, Osnabrück, den Hamburger Sportverein und Waldhof Mannheim traf man im Finale am 1. Mai 1953 im Düsseldorfer Rheinstadion auf Alemannia Aachen.

---

[2] *Interview mit Albert Uthoff – http://scoelde09.de/*

[3] *Vgl. „…immer wieder RWE" Die Geschichte von Rot-Weiß Essen, Verlag Die Werkstatt GmbH, 2004, Göttingen, G. Schrepper und U. Wick, S.72*

[4] *Vgl. „…immer wieder RWE" Die Geschichte von Rot-Weiß Essen, Verlag Die Werkstatt GmbH, 2004, Göttingen, G. Schrepper und U. Wick, S.75*

Freitag, den 1. Mai 1953, 16.30 Uhr
ENDSPIEL um den
DFB.-Vereinspokal
Rot-Weiss Essen
gegen
Alemannia Aachen

Quelle: Archiv Moser

Essen hätte in dem Pokalfight zur Pause mit 3:0 führen müssen, doch leider konnte bis zu diesem Zeitpunkt nur Islacker den 1:0 Führungstreffer erzielen. Nach dem Seitenwechsel das gleiche Bild: Essen drückte und kam in der 52. Spielminute auch zum verdienten 2:0 durch den „*Boss*". Gottschalk passte auf Rahn, dieser ließ drei Aachener ins Leere laufen und schloss aus zentraler Position ab. Wie aus dem Nichts fiel in der 56. Minute der Aachener Anschlusstreffer durch den späteren Bundestrainer Josef „*Jupp*" Derwall. Der erste Pokalsieger nach dem Krieg hieß Rot-Weiss Essen.

Rot-Weiß Essen würdiger Pokalsieger 1953

Quelle: „Kurze Fuffzehn" – Jahrgang 1953, Mai Ausgabe

Von links: Köchling, Wientjes, Rahn, Gottschalk

Quelle: „Kurze Fuffzehn" – Jahrgang 1953, Mai Ausgabe

Im Kampf um die Westdeutsche Meisterschaft rangierte man nach Saisonende 1953/54 nur einen Punkt hinter dem Meister 1. FC Köln und konnte damit die Vizemeisterschaft feiern.

1954 trat Rot-Weiss Essen eine neunwöchige Amerika Reise an, von der Rahn allerdings frühzeitig zurückkehrte. Er reiste zum Sichtungslehrgang der Nationalmannschaft in die Sportschule Grünwald. Der Rest ist Geschichte: Rahn schoss im Endspiel der Fußball Weltmeisterschaft das *„Tor des Jahrhunderts"* und machte mit seinem entscheidenden 3:2 gegen Ungarn sein Land zum Weltmeister.

In der Saison 1954/55 gewannen die Essener Kicker die Westdeutsche und die Deutsche Meisterschaft. Der bisher größte Triumph des Vereins.

Eintrittskarte – Finale Deutsche Meisterschaft 1955

Quelle: Archiv Moser

Sie besiegten im ausverkauften Niedersachsenstadion in Hannover den scheinbar unschlagbaren Kader des 1. FC Kaiserslautern mit 4:3 Toren. Für die Pfälzer war es seit 1951 bereits die vierte Finalteilnahme – zweimal hatten sie den Titel schon gewonnen. Der 1. FC Kaiserslautern hatte vier Spieler in ihren Reihen, die zuvor im Wankdorf Stadion in Bern Weltmeister geworden waren. Fritz Walter, Werner Kohlmeyer, Werner Liebrich und Horst Eckel waren die Säulen im Kaiserslauterner Spiel. Zuerst sah es auch äußerst vielversprechend für die *„Roten Teufel"* aus. In der 11. Spielminute gingen sie durch Willi Wenzel mit 1:0 in Führung. Islacker konnte nur wenige Minuten später nach Vorlage von Rahn ausgleichen. Keine zehn Minuten später war es erneut *„der Boss"*, der den Ball nach einem Dribbling auf seiner rechten Seite vor das Tor zu Johannes *„Fred"* Röhrig flankte, der per Kopf zum 2:1 für Essen traf. Kurz vor der Halbzeit konnte *„Penny"* Islacker gar auf 3:1 erhöhen. Nach dem Seitenwechsel machte *„Lautern"* ordentlich Druck und kam in der 56. Minute durch Wenzel zum Anschlusstreffer. Schrecksekunde für die Essener: der überragende Islacker verletzte sich nach einem Zweikampf mit Horst Eckel am linken Knie und musste vom Platz getragen werden. Noch während man ihn versorgte, fiel der Ausgleichtreffer durch Werner Baßler per Elfmeter. Wechselmöglichkeiten gab es zu dieser Zeit noch nicht, also entschloss sich der wackere Islacker humpelnd weiterzumachen. Kurze Zeit später musste er erneut an der Seitenlinie behandelt werden. Es nützte nichts, *„vorne rein"* und auf die Chance warten. In der 85. Spielminute kam Rahn an den Ball. Sein Schuss prallte von Kohlmeyer ab, doch Termath schnappte sich das Leder, zog an Kohlmeyer vorbei und flankte vor das Tor. Dort wartete der verletzte Islacker und setzte zu einem Flugkopfball an, der zum 4:3 Endstand im Kaiserslauterner Tor landete. *„Penny"* war nach dem entscheidenden Tor nicht mehr in der Lage, zurück zum Mittelkreis zu gehen. Rahn schnappte ihn sich, schulterte ihn und trug ihn zurück zur Mittellinie. Auf der Rückfahrt von Hannover nach Essen hielt der Zug auch in Oelde und der „Boss" wurde dort, zusammen mit seinen Mannschaftskollegen, frenetisch gefeiert. In Essen feierten 100.000 Menschen den neuen Deutschen Meister.[5]

Die jahrelange Arbeit hatte sich endlich ausgezahlt. Die Mannschaft stand im Zenit und hatte mit dem Gewinn der Deutschen Meisterschaft „die Ernte eingefahren."

Wimpel und Salatschüssel – Deutscher Meister 1955

Foto: Moser

Der Verein investierte in sein Stadion und in die Infrastruktur: am 8. August 1956 wurde im Essener Stadion, beim 100. internationalen Spiel des Vereins, eine der ersten Flutlichtanlagen in Deutschland eingeweiht. Rot-Weiss Essen spielte gegen Racing Club Straßburg und gewann das Spiel mit 4:0 Toren. 120 Scheinwerfer erstrahlten, verteilt über vier Masten, und beleuchteten von nun an das Spielfeld. Im fünfzigsten Jubiläumsjahr des Vereins wurde auch die Haupttribüne des Stadions fertig gestellt. In der Verbandszeitung des Westdeutschen Fußballverbandes wurde die neue Tribüne mit dem Sportpark von Arsenal London verglichen: „Bergeborbeck ein deutsches Highbury".

Sportlich lief es nach dem Gewinn der Deutschen Meisterschaft nicht mehr so gut. In den folgenden Spielzeiten konnte die Mannschaft nicht mehr an die vorangegangenen Leistungen anknüpfen und platzierte sich zwischen 1955/56 und 1957/58 nur noch zwischen dem vierten und achten Tabellenplatz.

Bis heute gilt: „Wer von Rot-Weiss Essen spricht, spricht auch von Helmut Rahn!"

---

[5] Vgl. „...immer wieder RWE" Die Geschichte von Rot-Weiß Essen, Verlag Die Werkstatt GmbH, 2004, Göttingen, G. Schrepper und U. Wick, S.86

Zweite WM Teilnahme

Die Weltmeisterschaft 1958 in Schweden war Rahns zweite Teilnahme an einem WM-Turnier. Reiste die deutsche Nationalmannschaft vier Jahre zuvor noch ohne viel Aufhebens in die Schweiz, stand man 1958 im Mittelpunkt des Interesses vieler Millionen Menschen, die die Verteidigung des Weltmeistertitels im Rundfunk und im Fernsehen miterleben wollten. Zum Favoritenkreis gehörte man aber auch 1958 nicht. Deutschland galt als *„Glücksweltmeister"* und die Fachleute jonglierten mit einer Reihe von Favoritentipps: ganz oben standen Brasilien und Argentinien, auch England und Jugoslawien standen hoch im Kurs. Nicht zuletzt wurde auch dem Gastgeber Schweden eine Favoritenstellung eingeräumt. Gleich im ersten Spiel am 8. Juni 1958 traf die DFB-Auswahl auf den Mitfavoriten Argentinien. Rahn war in Hochform und erzielte zwei Treffer beim 3:1 Sieg der Deutschen. *Uns Uwe* steuerte den dritten Treffer bei. Eine Energieleistung der deutschen Nationalmannschaft beim 2:2 gegen die Tschechoslowakei am 11. Juni: nach 0:2 Rückstand trafen Schäfer und *„Boss"* Rahn zum verdienten Ausgleich. Gegen Nordirland war Rahn erneut einer der Torschützen, die das 2:2 in Malmö am 15. Juni 1958 sicherten. Seeler erzielte den zweiten Treffer für Deutschland. Damit gelang der Mannschaft der Sprung in die Zwischenrunde in der man am 19. Juni auf Jugoslawien traf. Fritz Walter feierte sein 60. Länderspiel für Deutschland. Bereits in der 12. Spielminute umspielte Rahn in einem Alleingang drei Gegenspieler, legte sich den Ball zurecht und schoss ihn in die linke obere Ecke. Im Buch *„Herbergers tapfere Elf"* schilderte man den Gewaltschuss von Rahn wie folgt: *„Der jugoslawische Tormann schaute verdutzt drein, so schnell kam der Schuss, dass er kaum merkte, wie sein Kasten Besuch bekam."* Im Hexenkessel von Göteborg unterlag man in der Vorschlussrunde dem Gastgeber Schweden unglücklich mit 1:3 Toren, und so musste man im Spiel um Platz drei gegen Frankreich antreten. Herberger wechselte, unter anderem verletzungsbedingt, munter durch. Für Fritz Walter kam Hans Sturm, für Seeler kam Kelbassa, für den gesperrten Juskowiak kam Stopper Erhard. Wewers spielte Mittelläufer und Schnellinger kam für Horst Eckel. Da sich Fritz Herkenrath im Training verletzt hatte, nahm Heini Kwiatkowski seinen Platz ein. Das Spiel um die Bronzemedaille ging mit 3:6 Toren verloren. Die Tore für Deutschland schossen Cieslarczyk, Rahn und Schäfer. Der Jules-Rimet-Goldpokal wanderte von Deutschland nach Brasilien. Die Südamerikaner schlugen mit dem jungen Pele die Franzosen im Endspiel 5:2. Helmut Rahn schoss wie Pelé sechs Tore im WM-Turnier.

Programmheft des WM-Dokumentarfilms „Hinein!" mit Helmut Rahn auf der Titelseite.

Quelle: Archiv Moser

Wechsel zum 1. FC Köln

1959 lief der Vertrag von Helmut Rahn in Essen aus. Er wechselte zum aufstrebenden 1. FC Köln, mit dem er in der Saison 1959/60 die Meisterschaft der Oberliga West feiern konnte. In der folgenden Endrunde um die Deutsche Meisterschaft mussten sich die Kölner in der Gruppe II mit Werder Bremen, Tasmania Berlin und FK Pirmasens um den Einzug ins Finale der Deutschen Meisterschaft messen.

Endrundenspiele um die deutsche Meisterschaft

Im ersten Endrundenspiel um die Deutsche Meisterschaft traf der 1. FC Köln am 15. Mai 1960 auf die Mannschaft von Werder Bremen. Die Rheinländer siegten glücklich nach zwei Toren von Müller mit 2:1. Den Bremer Führungstreffer zum 1:0 erzielte Wilmovius.[6] Gegen FK Pirmasens lief es für die Kölner am 21. Mai 1960 deutlich besser. 4:0 hieß es nach 90 Minuten. Die Tore für die Kölner erzielten Helmut Rahn, zweimal Tas und Müller.[7] Im folgenden Spiel traf Rahn mit dem 1. FC Köln auf den Meister der Vertragsliga Berlin: SC Tasmania 1900 Berlin. Die Berliner Fans witterten Morgenluft und die Mannschaft von Tasmania 1900 ging voller Zuversicht und Selbstvertrauen in das Endrundenspiel. Im ersten Aufeinandertreffen am 29. Mai 1960 erzielte Helmut Rahn den so wichtigen 1:0 Führungstreffer für den 1. FC Köln. Er bekam in der 20. Spielminute den Ball an der Mittellinie zugespielt und startete sogleich einen seiner gefürchteten Sololäufe auf das Tasmania Tor. Er kurvte an zwei, drei Berlinern vorbei zur Spielfeldmitte, um dann aus 30 Metern eine seiner gefürchteten „Bomben" mit dem linken Fuß *abzufeuern*. Der Ball flog ungehindert ins Berliner Tor, dass Posinski zuvor voreilig verlassen hatte.[8] 1:0 für den 1. FC Köln. In der 86. Minute erhöhte Müller den Spielstand auf 2:0, ehe Tasmania's Greuel in der 89. Spielminute den Anschlusstreffer zum 2:1 markierte. Im zweiten Aufeinandertreffen der beiden Mannschaften am 4. Juni 1960 konnten die Berliner das Spiel nicht mehr so offen gestalten, wie es noch im Hinspiel der Fall war. In der ersten Halbzeit hielten sie weitestgehend dagegen, doch als der Kölner Spieler Tas eine Rahn Flanke kurz vor dem Pausenpfiff zum 1:0 verwertete, ließen die Berliner die Köpfe hängen. Nach dem Seitenwechsel waren die Geißböcke dann komplett spielbestimmend. Ausschlaggebend für den Kölner 3:0 Sieg waren immer wieder die Vorstöße von Tas und Rahn. Sie waren nicht zu halten. Müller erhöhte in der 62. Minute auf 2:0 und Rahn setzte in der 76. Spielminute mit seinem Treffer den Schlusspunkt.[9]

„Dieser Rahn ist wie eine Sturzwelle!"

Quelle: Bild – 7. Juni 1960

Ein Dutzend Mal hatte sich der „*Boss*" an seinen Gegenspielern *vorbeigetankt*, war dann am dritten oder vierten Gegner hängengeblieben, und ein halbes Dutzend Mal hatte er auch wie ein *Schiffsgeschütz* auf des Gegners Tor gefeuert. Die Bälle flogen auf Posinski zu wie Granaten. Alle

---

[6] *Vgl. Gerhard Bahr, „Deutsche Meisterschaft 1960", Nr. 2, S. 20*
[7] *Vgl. Gerhard Bahr, „Deutsche Meisterschaft 1960", Nr. 2, S. 21*
[8] *Vgl. Gerhard Bahr, „Deutsche Meisterschaft 1960", Nr. 2, S. 22*
[9] *Vgl. Gerhard Bahr, „Deutsche Meisterschaft 1960", Nr. 2, S. 22*

hatte der Keeper entschärft – bis auf eine. *"Ich hatte die Hand am Ball, aber die Wucht des Schusses drückte mir die Finger weg."* [sic] [10]

Lassen wir Tasmania-Verteidiger Talaszus nach dem Spiel in einem Interview in der Kabine zu Wort kommen:

„Der Kerl [Rahn] ist ja überhaupt nicht zu halten. Ob man ihm auf den Füßen steht oder nicht, wenn er an den Ball kommt, fühlt man sich einer Sturzwelle gegenüber. Man sieht noch, wie er mit den Schultern wackelt, und dann rauscht er schon an einem vorbei." [sic] [11]

Rahn-Bombe schlägt Posinski - Geisbock-Elf im Finale

Quelle: Zeitschrift „Deutsche Meisterschaft 1960", Nr. 2

Am 12. Juni 1960 trafen die Kölner auf Pirmasens. *„Boss"* Rahn schoss den *„Effzeh"* in der 39. Minute in Führung, doch Brunn glich in der 83. Spielminute zum 1:1 aus. Ein Achtungserfolg und der erste, sowie einzige Punkt, für Pirmasens. [12]

Rahn schoß Köln
in das Endspiel

Quelle: BILD – 13. Juni 1960

Im letzten Endrundenspiel ereilte die Kölner gegen Werder Bremen ein unerwarteter Ausrutscher. Das Spiel gegen die Mannschaft von der Weser ging mit 2:5 Toren verloren. [13] Nichtsdestotrotz belegte man den ersten Platz in der Tabelle der Gruppe II. Auf den weiteren Rängen folgten Werder Bremen, Tasmania Berlin und FK Pirmasens.

Im Finale trafen die Geißböcke auf den Hamburger Sportverein, der souverän die Gruppe I, vor dem Karlsruher SC, Borussia Neunkirchen und Westfalia Herne, gewinnen konnte.

Das 49. Endspiel um die Deutsche Meisterschaft war mit 30 Grad Celsius im Schatten gemessen eine Hitzeschlacht, in der die Kölner in der 52. Minute durch Breuer in Führung gingen. Postwendend glich Uwe Seeler zum 1:1 aus. Dörfel erhöhte in der 75. Minute auf 2:1 für den HSV. Die Führung hielt nicht lange, denn da glich Köln durch Müller aus. Vier Minuten waren noch im Frankfurter Waldstadion zu spielen. Es brauchte aber nur zwei Minuten, denn da erhöhte *„Uns Uwe"* auf 3:2. Dies war auch gleichzeitig der Endstand. Der Hamburger Sportverein siegte glücklich, aber

---

[10] *Vgl. Bild – 7. Juni 1960*
[11] *Vgl. Bild – 7. Juni 1960*
[12] *Vgl. Gerhard Bahr, „Deutsche Meisterschaft 1960", Nr. 2, S. 23*
[13] *Vgl. Gerhard Bahr, „Deutsche Meisterschaft 1960", Nr. 2, S. 25*

15

verdient.[14] Nach dem Endspiel gegen den Hamburger Sportverein ging es für Rahn in den wohlverdienten Urlaub.

Italien oder Holland – Hauptsache kicken

Im Jahr 1960 gab es bereits schon vor den Endrundenspielen um die Deutsche Meisterschaft Gerüchte um einen möglichen Rahn Transfer ins Ausland. Ein möglicher Wechsel nach Italien wurde auch in der Sportzeitung „Kicker" thematisiert und ausgiebig diskutiert. In der Ausgabe 20 des „Kicker" wurde berichtet, dass am 20. Mai 1960 die Entscheidung fallen sollte, ob die italienischen Vereine wieder Ausländer verpflichten dürfen. Rahn lag zu dieser Zeit bereits ein unterschriftsreifer Vertrag von Lanerossi Vicenza vor. Stürmer waren im Ausland sehr begehrt - vor allem diejenigen, die am laufenden Band Tore schossen. Dementsprechend lukrativ sah der vorgelegte Zweijahresvertrag aus: 140.000 Deutsche Mark Vertragsgeld, steuerfreies Einkommen in Höhe von 1.500 Deutsche Mark pro Monat, Prämien für Siege und Unentschieden, 100 Deutsche Mark für jedes geschossene Tor, sowie eine geräumige Dreizimmerwohnung.[15] Auch sei Inter Mailand an einer Verpflichtung des routinierten Ausnahmespielers interessiert, so die Printmedien. Es lag Rahn wohl auch von ihnen ein großzügiges Angebot vor. Frau Gertrud Rahn war aber keinesfalls daran interessiert, nach Italien umzusiedeln. Fernerhin wurde ein Wechsel noch durch die Wechselrestriktionen in Italien erschwert. Der niederländische Verein Sportclub Enschede beobachtete die Situation ganz genau. Würden sie der lachende Dritte im Tauziehen um die fußballerischen Künste des deutschen Ausnahmestürmers sein? Enschedes Vorstandsmitglied Henk Olijve nahm Kontakt zu dem deutschen Spielervermittler Raymond Schwab auf um vorzufühlen, ob sich Helmut Rahn einen Wechsel in die Eredivisie vorstellen könnte. Die Verhandlungen begannen und gestalteten sich alles andere als einfach.

---

[14] Vgl. Gerhard Bahr, „Deutsche Meisterschaft 1960", Nr. 2, S. 26
[15] Vgl. KICKER, Nr. 20, 16. Mai 1960

„Geheimtreffen"

Enschedes starker Mann, der Niederländer Henderikus „*Henk*" Olijve, fädelte zusammen mit dem Essener Spielervermittler Raymond Schwab Rahns Wechsel vom 1. FC Köln, hin zum SC Enschede ein. Olijve war Inhaber der Campingausrüstungsfabrik *Rinco* in Oldenzaal und war Vorstandsmitglied, sowie später Geschäftsführer des Sportclub Enschede.

Raymond Schwab war ebenfalls aktiver Fußballer und spielte Ende der 1930er bis in die 1940er Jahre für TuS Helene Essen. Als Trainer zeichnete er sich für den Wuppertaler Sportverein, Bayer Leverkusen und Rot-Weiss Essen verantwortlich. Noch zu seiner Zeit als aktiver Trainer begann er Spieler zwischen Vereinen zu vermitteln. Schwab war einer der ersten sogenannten „*Fussballmakler*" in Deutschland und hatte bereits Horst Buhtz' Wechsel nach Italien arrangiert.

Auch hatten die Verantwortlichen des Sportclub Enschede bereits Erfahrungen mit deutschen Spielern und den Wechselbestimmungen machen können. Rahn war nicht der erste Deutsche, beziehungsweise ehemalige Essener Spieler, der zum SC Enschede wechselte. Bereits im Jahr 1957 wechselten Helmut Fottner und Josef „*Sepp*" Seemann von Rot-Weiss Essen zum Sportclub Enschede. Beide zog es aber im Jahr 1958, nach nur einem Jahr in Enschede, zur *Groninger Voetbal en Atletiek Vereniging* (GVAV).

„Geheimtreffen" mit Helmut Rahn und Henk Olijve (Foto links).
Olijve (rechts im Bild) gibt dem Reporter ein Zeichen kein Foto zu machen.

Foto: Archiv SC Enschede

Rahn zum Sportclub Enschede? – Vorvertrag

Während der Mitgliederversammlung des Sportclub Enschede am 6. Juli 1960 gab Enschedes Geschäftsführer Henny Walhof, der als Vorsitzender fungierte, bekannt, dass am gleichen Nachmittag ein vorläufiger Vertrag mit Helmut Rahn, dem rechten Flügelspieler der deutschen Nationalmannschaft, unterzeichnet worden war.[16]

---

[16] Vgl. „Sportclub Nieuws", 6. Juli 1960

Helmuth Rahn bij Sp. Enschede?

Quelle: De Twentsche Courant / Archiv SC Enschede

Nur einen Tag nachdem Rahn in Enschede gesichtet wurde, berichteten bereits die ersten niederländischen Medien, dass der in Deutschland gefeierte Fußballspieler Helmut Rahn, am Nachmittag des Vortags Enschede besuchte, um dem Sportclub schriftlich zu erklären, dass er bereit sei, zwei Jahre für den Verein zu spielen. Es sei beabsichtigt, dass der *„Boss"* am Samstag einen endgültigen Vertrag unterzeichnen werde. Fernerhin wurde in der Mitteilung erklärt, dass der Sportclub Enschede aber nicht der einzige Interessent an einer Verpflichtung Rahns sei. Ein weiteres Problem für den Sportclub Enschede: sollte Rahn von ihnen unter Vertrag genommen werden, hätte der Verein drei Ausländer in seinen Reihen: den Österreicher Richard Brousek, Hans Pfeiffer und Rahn, und das entsprach nicht dem Reglement. Wie dies gelöst werden sollte, war zu diesem Zeitpunkt noch ungeklärt.

Der Gulden lockt nicht nur Rahn...

Quelle: Kicker Nr. 29 – 18. Juli 1960

Auch der *Kicker* berichtete in seiner Ausgabe 30 am 25. Juli 1960 von einem möglichen Wechsel Rahns vom 1. FC Köln zum niederländischen Traditionsverein Sportclub Enschede.

Der „Effzeh" lässt den „Boss" nicht gehen – oder doch?

F.C. Köln zegt Rahn tot 1962 onder contract te hebben

„FC Köln soll Rahn bis 1962 unter Vertrag haben."

„Wij laten hem niet gaan"

„Wir werden ihn nicht gehen lassen."

Quelle: Archiv SC Enschede - Juli 1960

Die Nachricht, dass Rahn einen Vorvertrag unterschrieben hatte, in dem er zusicherte, dass er am folgenden Samstag einen Spielervertrag mit dem Sportclub Enschede unter den ihm am Mittwoch mitgeteilten Bedingungen unterzeichnen würde, schlug in Deutschland wie eine Bombe ein. Die Kölner Vorstandsmitglieder eilten zügigen Schrittes von Radio- zu Fernsehinterviews um mitzuteilen, dass ein Wechsel Rahns "*absolut unmöglich*" sei. Zeitgleich teilte Henk Olijve den Medien in den Niederlanden mit, dass er sich nochmals telefonisch die Bestätigung von Rahn eingeholt und erhalten habe, dass dieser tatsächlich nach Enschede wechseln möchte. Rahns knappe Antwort am Telefon: „*Ohne Zweifel, Henk!*"

In Köln war man natürlich nicht begeistert, als man von den Wechselabsichten ihres Edel-Stürmers erfuhr. Kölns Sekretär Holthoff ließ keinen Zweifel daran, dass die Botschaft über Rahns Wechsel ihn und seine Vorstandskollegen völlig überrascht hatte und fügte hinzu, man habe „*... absolut nicht die Absicht, einem Wechsel zuzustimmen*". Rahn sei per Vertrag an den 1. FC Köln gebunden. Dieser würde vorsehen, dass Rahn bis zum Ende der Saison von 1961/62 für die Kölner spielen müsse. Holthoff erinnerte auch daran, dass Rahn ein Mitglied der Gruppe von Spielern sei, die für die deutsche Nationalmannschaft ausgewählt wurden, die an den Weltmeisterschaften 1962 in Chile teilnehmen solle. Falls er nun zum Sportclub nach Enschede wechseln würde, so würde auch ihn das Verbot des Deutschen Fußball-Bundes treffen. Das Reglement besagte, das Nationalspieler nicht vor dem Ende des Turniers in Chile zu einem ausländischen Verein wechseln dürfen, andernfalls würden sie vom Turnier als Nationalspieler ausgeschlossen. Inwieweit diese Behauptungen von Holthoff zu diesem Zeitpunkt richtig waren, ließ sich auch mit seiner dritten Bemerkung in einem Zeitungsinterview nur schwer abschätzen: "*Rahn macht derzeit Urlaub im Sauerland und weiß nichts über einen Vorvertrag mit Enschede.*" Diese Aussage war nur teilweise richtig, denn Rahn machte tatsächlich Urlaub in einer Jagdhütte, war aber am Mittwoch mit einem Begleiter in Enschede und hatte einen Vorvertrag unterschrieben. Womit Holthoff hingegen recht hatte, war die Aussage, dass zum Zeitpunkt der Weltmeisterschaft der Spieler in Deutschland unter Vertrag stehen muss. Kurzum: Wer zum Kader der Nationalmannschaft gehörte, durfte nicht ins Ausland wechseln.

Angesichts eines solchen Reglements hatte schon so mancher deutsche Fußballspieler, der zuvor noch *Wandergelüste* bekam, wenn er an seine zukünftige, allmonatlich gut gefüllte Lohntüte dachte, die Gespräche mit seinen Verhandlungspartnern im Ausland unterbrochen. "*Nach der Weltmeisterschaft sprechen wir weiter*". Mit diesem Satz war zu dieser Zeit so manches Gespräch vertagt worden.

Die Verhandlungen gingen weiter

Ein weiterer Sprecher des FC Köln meldete sich zu Wort und wies nochmals mit Nachdruck darauf hin, dass es für den berühmten Rechtsaußen Rahn absolut unmöglich sei, zukünftig für Enschede zu spielen. Er fügte abermals hinzu, dass der Rahn-Vertrag noch bis 1962 liefe. Es könne keine Frage sein, dass der 1. FC Köln Rahn vor diesem Zeitpunkt von seinen Verpflichtungen entbinde, so der Sprecher.

SC ENSCHEDE CONTRA FC KÖLN
Touwtrekken om Helmuth Rahn

„SC Enschede gegen den FC Köln

Tauziehen um Helmut(h) Rahn."

Quelle: Archiv SC Enschede - Juli 1960

Am 25. Juli 1960 berichtete der *Kicker* in der Ausgabe Nummer 30, dass Helmut Rahn nicht zum Kölner Training erschien. Fernerhin gaben die Kölner zu Protokoll, dass man Rahn mit einer Geldstrafe von 100 Mark belegt hatte, weil er bereits allzu häufig nicht am Mannschaftstraining teilgenommen hatte. Auch plane man Rahn nicht mit auf die anstehenden Auslandsreisen des 1. FC Köln zu nehmen. Wie man lesen konnte, waren die Kölner nun aber doch bereit, Rahn ziehen zu lassen, vorausgesetzt der DFB würde die Freigabe erteilen.

Der DFB musste seine Zustimmung geben

Der *Fall Rahn* war damit aber noch immer nicht offiziell abgeschlossen. Fast drei Stunden saßen das *deutsche Fußballwunder* und sein Ansprechpartner Raymond Schwab am 26. Juli 1960 mit dem ehemaligen Vorsitzenden des SC Enschede Jan Snoeijenbos und später noch mit Henk Olijve, der zu dieser Zeit die Transfers für den SC Enschede arrangierte, im Sitzungssaal des Diekman-Stadions in Enschede zusammen. In einer kurzen Sitzungspause wurde der wartenden Presse mitgeteilt, dass der Vorsitzende des SC Enschede Herman van Heek, der den Vertrag mit Rahn unterschreiben sollte, aktuell seine Ferien irgendwo in Friesland verbrachte und bisher nicht erreichbar war. Als die Delegation am frühen Nachmittag gegen halb zwei Uhr den Sitzungssaal verließ, waren die Kommentare, die man an die Presse gab, sehr vage und teilweise konträr. Man sei mit dem Deutschen Fußball-Bund in Kontakt getreten, der Rahn noch die Erlaubnis erteilen müsse, nach Enschede zu wechseln. Alles sei nun aber mit Rahn selbst, sowie mit dem 1. FC Köln, arrangiert. Am Freitagmorgen wolle man sich mit den Verantwortlichen in Frankfurt treffen, und dann würde nach Angaben von Jan Snoeijenbos die Entscheidung getroffen, ob der Transfer über die sprichwörtliche Bühne gehen könne. Nach Angaben des Präsidenten des Deutschen Fußball-Bundes Dr. Bauwens wären sich bereits drei oder vier der zehn Mitglieder einig, dass Helmut Rahn in der folgenden Saison für den SC Enschede spielen würde.

Die *BILD* veröffentlichte kurz darauf ein Interview mit Helmut Rahn, in dem der *„Boss"*, offensiv wie man es von ihm gewohnt war, sagte, dass der Vertrag mit dem Sportclub Enschede ausgezeichnet sei und wenn die Männer des Deutschen Fußball-Bundes hoch oben auf ihrem Ross sitzend ihn nicht freigäben, werde er auch nie wieder für die deutsche Nationalmannschaft spielen. Rahn feuerte nicht nur auf dem Platz seine *„Bomben"* ab. Verständlich: in Enschede wurde Rahn, zusätzlich zu einem Spielervertrag mit sehr guten Konditionen, noch ein lukrativer Job als Vertreter eines Sportartikel- und Campingausrüstungsunternehmens angeboten. Rahn war mittlerweile in einem Alter, in dem er über seine Zukunft nachdenken musste.

Eine Sportclub Delegation reiste also nach Frankfurt am Main und einigte sich in einem dreistündigen Meeting darauf, dass Rahn vom 1. FC Köln zum SC Enschede wechseln darf. Am 29. Juli 1960 um viertel vor neun Uhr abends ging auf dem Fernschreiber von Henk Olijve die erfreuliche und mit Spannung erwartete Nachricht für den SC Enschede schriftlich ein: der Westdeutsche Fußballverband hatte beschlossen, Rahn die Erlaubnis zu erteilen, zu einem ausländischen Verband zu wechseln. Da man bereits mit dem 1. FC Köln eine einvernehmliche Einigung für einen Wechsel erzielen konnte und nun auch noch die Genehmigung des DFB vorlag, stand einem endgültigen Vertrag nichts mehr im Weg.

F.C. Köln en Duitse Bond gaven toestemming

„FC Köln und der Deutsche Fußball-Bund erteilten Freigabe."

Quelle: Dagblad Tubantia - 1. August 1960

Wie bereits erwähnt, stellte der Rahn Wechsel den SC Enschede nun vor ein Problem. Der Verein hatte nun drei Ausländer in seinen Reihen: Brousek, Pfeiffer und Rahn. Dies entsprach nicht dem Reglement. Man musste sich von einem Spieler trennen. Der 29-jährige Nationalspieler aus Österreich Richard Brousek, musste das Feld nach dem Rahn Transfer räumen. Be Quick Groningen, Feyenoord Rotterdam, Vitesse Arnheim, Blauw Wit und DWS-A (beide Amsterdam) zeigten Interesse an dem ehemaligen Torschützenkönig Österreichs. Er entschied sich für einen Wechsel nach Groningen zu *Be Quick*.[17]

Rahn unterzeichnete den Vertrag beim SC Enschede

Viel wurde in der Vergangenheit über die zu Grunde liegenden Konditionen des Vertrages zwischen dem SC Enschede und Helmut Rahn spekuliert. Einige Quellen berichten von einer Ablösesumme von 50.000 Gulden, andere von 60.000 Gulden und wieder andere gar von 100.000 Gulden, die der Sportclub Enschede an den 1. FC Köln zahlte. Rahn selber soll 10.000 Mark Handgeld für den Wechsel erhalten haben.[18] Insgesamt, so verschiedenste Quellen, soll Rahn für seine fußballerischen Leistungen ein maximaler Verdienst von 7.500 Gulden pro Jahr zugesichert worden sein. Als „*Bonus*" sollte Rahn als Vertreter für Campingausrüstung arbeiten, um so seinen Verdienst auf 75.000 Mark per Anno zu erhöhen. Es war bereits von Büroräumen in Essen die Rede. Der Sportclub Enschede bot Rahn auch ein nettes Häuschen oder wahlweise eine Auswahl von Wohnungen an.[19]

Spielervertrag Helmut Rahn

Nachfolgend, gekürzt und zusammengefasst, die wichtigsten und aussagekräftigsten Passagen aus dem Vertrag vom 26. Juli 1960 zwischen dem SC Enschede und Helmut Rahn:

Helmut Rahn, wohnhaft in Köln-Lindenthal, im Folgenden bezeichnet als: Lot / Partei III.

---

[17] *Vgl. Dagblad Tubantia, 30. Juli 1960*
[18] *Vgl. Helmuth Rahn, Mein Hobby: Tore schießen, Deutsche Verlags-Anstalt (DVA), 2004, S. 213*
[19] *Vgl. KICKER Nr. 2 - 9. Januar 1961*

Artikel 1:

Vertragslaufzeit vom 26. Juli 1960 bis zum 31. Juli 1962.

Artikel 2:

b) Die Partei III (Rahn) ist verpflichtet mindestens viermal pro Woche am Training des Sportclub Enschede teilzunehmen und die Trainingsregeln, Spielanweisungen et cetera des Sportclub Enschede einzuhalten.

f) Die Partei III (Rahn) ist verpflichtet sich mit seiner Familie für die Dauer dieser Vereinbarung und die Zeit, für die diese verlängert werden kann, in Enschede niederzulassen, sobald er dort einen Wohnsitz erhalten kann.

Artikel 3:

Die Partei I (SC Enschede) verpflichtet sich hiermit gegenüber der Partei III (Helmut Rahn), ihren Verpflichtungen aus dieser Vereinbarung nachzukommen.

a) Bei Unterzeichnung dieser Vereinbarung ist ein Betrag von 50.000 Gulden (fünfzigtausend Gulden) in bar zu zahlen.

b) Die Partei I (SC Enschede) verpflichtet sich hiermit gegenüber der Partei III (Helmut Rahn) in den Monaten August 1960 bis einschließlich Juli 1962 solange er als Vertragsspieler für den Sportclub Enschede fungiert, monatlich das Bruttoeinkommen von 1.666,68 Gulden pro Monat oder 20.000 Gulden pro Jahr auszuzahlen. Mit der Unterzeichnung dieser Vereinbarung erklärt die Partei unter III, dass sie den unter a) genannten Betrag in Höhe von 50.000 Gulden von der Partei unter I erhalten hat und ihr hiermit eine allgemeine und endgültige Entlastung gewährt.

Artikel 5:

Diese Vereinbarung beginnt am 26. Juli 1960 und wird bis zum 31. Juli 1962 geschlossen, unter der Voraussetzung, dass diese Vereinbarung endet, wenn Partei III aus irgendeinem Grund nicht mehr als Spieler des Sportclub Enschede agiert oder agieren kann.

Artikel 8:

Alle Streitigkeiten, die sich aus dieser Vereinbarung ergeben können, werden nach niederländischem Recht bewertet und unterliegen in erster Linie dem Urteil des zuständigen Richters im Bezirk Almelo.

Artikel 11:

Diese Vereinbarung wird unter der Bedingung geschlossen, dass alle erforderlichen Zustimmungen und Genehmigungen für die Tätigkeit als Vertragsspieler der Partei III für den Sportclub Enschede sowie die Genehmigung des Deutschen Fußball-Bundes, des KNVB, eine Arbeitserlaubnis, Aufenthaltserlaubnis, Gründungserlaubnis usw. vorliegen.

Enschede, 26. Juli 1960.[20]

Am 29. Juli 1960 unterzeichnete Rahn den ausgearbeiteten Provisions- und Prämienvertrag. Auch hier gekürzt und zusammengefasst, die wichtigsten und aussagekräftigsten Passagen aus dem Vertrag vom 29. Juli 1960 zwischen dem SC Enschede und Helmut Rahn:

Sportclub Enschede.

SPIELERVERTRAG

Die Unterzeichnenden,

A.)   H.J.P. van Heek (Vorsitzender)

            B.J. Knopers (Schriftführer)

            H. Walhof (Schatzmeister)

und

B.) Rahn Helmuth [sic], Spieler, wohnhaft in Köln

Adresse: Hohentwielstraße 3, Köln-Lindenthal

geboren in Essen am 16-08-1929.

Mitglied des vorgenannten Vereins, Partei auf der anderen Seite, im Folgenden als Spieler bezeichnet, erklärt sich wie folgt einverstanden:

Artikel 1:

Der Verband verpflichtet sich gegenüber dem Spieler, dies für jedes Spiel zu bezahlen, das in der Liga des *Koninklijke Nederlandse Voetbal Bond* (KNVB) gespielt wird und in dem er als Spieler hervorgegangen ist:

a) 75 Gulden wenn das Spiel gewonnen wird.

b) 45 Gulden wenn das Spiel unentschieden endet.

c) 25 Gulden wenn die Mannschaft das Spiel verliert.

Bei Spielen *außerhalb* der KNVB-Liga beträgt die Entschädigung beziehungsweise Provision 50 Gulden, 30 Gulden oder 10 Gulden. Die Beträge werden nur an diesen Spieler gezahlt. Wenn der

---

[20] *Vgl. Spielervertrag Helmut Rahn. Kopien beim Autor.*

Spieler in der 2. Mannschaft spielt, sind die Gebühren respektive Provisionen 40 Gulden, 25 Gulden oder 10 Gulden abhängig vom Resultat beziehungsweise vom Ergebnis der 2. Mannschaft. Wenn der Spieler als Reservespieler im Team fungiert und während des Spiels eingewechselt wird, erhält er den Betrag, den die anderen Mitspieler ebenfalls erhalten haben.

Bei Freundschaftsspielen der zweiten Mannschaft wird die Entschädigung in jedem Fall gesondert festgelegt.

Artikel 2:

Der Spieler erhält für jede Woche, in der er während der vom Verein festgelegten Trainingszeiten am Training teilgenommen hat, eine Trainingsgebühr in Höhe von 15 Gulden.

Artikel 3:

Diese Vereinbarung wurde für die Dauer der Spielsaison 1960/1961 geschlossen und endet am 1. Juli 1961, vorbehaltlich der stillschweigenden Erneuerung der Vereinbarung gemäß Artikel 9 der Regeln für bezahlten Fußball. Im Falle einer stillschweigenden Verlängerung können die Bestimmungen dieser Vereinbarung weiterhin gelten.

Artikel 4:

Der Spieler verpflichtet sich seinerseits, für die Dauer dieser Vereinbarung keine Spiele und / oder an Trainingseinheiten anderer Vereine teilzunehmen oder diese direkt oder indirekt zu unterstützen, außer die durch den KNVB und / oder auf andere Weise von der FIFA anerkannte Verbände und / oder Organisationen. Zuwiderhandlungen werden mit einer Geldstrafe geahndet. Für jedes Training bei einem anderen Verein wird der Spieler mit 100 Gulden bestraft – für jedes Spiel für einen anderen Verein mit 1.000 Gulden.

Artikel 9:

Der Spieler ist jederzeit verpflichtet, sich den Regeln des KNVB und insbesondere den Regeln für bezahlten Fußball zu unterwerfen, von denen er eine Kopie erhalten hat.

Artikel 10a

Diese Vereinbarung tritt in Kraft, sobald sie vom KNVB genehmigt wurde.

In dreifacher Ausfertigung in ENSCHEDE am 29. Juli 1960 erstellt und unterzeichnet.

Im Namen der Partei auf der einen Seite, Partei auf der anderen Seite.

Für Übereinstimmung KNVB.

Unterschriften des Spielers und den Vertretern des Sportclub Enschede[21]

---

[21] *Vgl. Spielervertrag Provisionen Helmut Rahn. Kopien beim Autor.*

Anhang Spielervertrag

Artikel 11:

Die Spieler sind verpflichtet, an den vom Verein festgelegten Tagen und Uhrzeiten an den dafür festgelegten Trainingseinheiten teilzunehmen.

Bei Verspätungen ist die Strafkommission berechtigt, gegen den Spieler eine Geldstrafe zu verhängen. Eine Suspendierung kann wiederholt ausgesprochen werden.

Kann ein Spieler aufgrund höherer Gewalt oder aus anderen Gründen nicht am geplanten Training teilnehmen, so ist er verpflichtet, den Trainer entsprechend zu informieren. Versäumt er dieses, findet keine Vergütung statt. Verpasste Trainingseinheiten müssen in Absprache mit dem Trainer nachgeholt werden.

Artikel 12:

Die Spieler werden vom Verein mit Fußballausrüstung ausgestattet die Eigentum des Vereins bleibt.

Artikel 16:

Das Rauchen in den Umkleidekabinen ist nicht gestattet. [sic][22]

Rahns offizielle Ankunft in Enschede verursachte, genau wie im Jahr 1955 bei Abe Lenstra, eine völlige Ekstase beim Fußballpublikum von Enschede. Rahn erhielt ausgesprochen viel Anerkennung und Zuspruch von Enschedes Öffentlichkeit.[23] Reporter und Journalisten rissen sich um ein Interview mit dem Neuerwerb des Clubs.

---

[22] *Vgl. Spielervertrag Provisionen Helmut Rahn. Kopien beim Autor.*
[23] *Vgl. Sportclub Enschede Jubileumboek, 1910-1985, S. 164*

In het Duitse blad „Welt am Sonnabend" troffen we tijdens de transferperiode onderstaande spotprent aan;

Der Umzug

„Dag, Mijnheer Helmut Rahn, willkommen in Holland. Hier können Sie 75.000 Mark im Jahr verdienen, und auch Butter und Käse sind bei uns billiger!"

De Twentsche Courant / Welt am Sonnabend

Quelle: Archiv SC Enschede

In einem Interview mit dem Dagblad Tubantia sprach der „*Boss*" über seine privaten und sportlichen Ziele und Lebensgewohnheiten, als seine Frau Gertrud mit den Kindern Uwe (sechs Jahre) und Peter (vier Jahre) von einem Einkaufsbummel zurück kamen und sich zu ihrem Mann und dem Reporter setzte. Man plauderte ein wenig. Rahns charmante Frau Gertrud zeigte ihrem Mann drei neue Badehosen. "*Alles ist hier viel billiger als in Deutschland*", stellte sie fest. Und dann wollte sie vom Reporter wissen, ob es in Enschede eine deutsche Schule gibt, denn ihr Sohn Uwe konnte natürlich nicht alleine in Köln oder mit der in Essen lebenden Familie bleiben. Aus sportlicher Sicht hingegen war es wohl das Wichtigste, dass der Übergang vom 1. FC Köln zu Enschede vollständig arrangiert war und dass es um den viel diskutierten Fußballer herum allmählich ruhiger werden würde. Rahn wollte so schnell wie möglich als rechter Flügelspieler des SC Enschede und als Vertreter des in Enschede ansässigen Campingbedarfsunternehmens für Deutschland loslegen.[24]

---

[24] *Vgl. Dagblad Tubantia, 5. August 1960*

Sammelkarte: Sportclub Enschede in der Saison 1960/61

Stehend v.l.n.r.: Joke Weustink, Theo Kalter, René Dijckmans, Hans van der Hoek, Arend van der Wel, Ger Donners.

Kniend v.l.n.r.: Ben Wiggers, Job Hoomans, Gerrit Voges, Joop Janssen, Helmut Rahn

Quelle: Archiv Moser

SC Enschede zeigte sich kompromissbereit

Von Beginn an zeigte sich Rahns Arbeitgeber verständnisvoll und kompromissbereit. Rahn sollte ursprünglich in Enschede wohnen, dies war vertraglich auch so festgehalten (Artikel 2, Absatz „f)"). Somit hätte der *„Boss"* umziehen müssen. Das tat er auch im Juli 1961 - allerdings von Köln (Hohentwielstrasse 3) nach Essen (Schützenbahn 37). Frau Rahn hing so sehr an Essen und sorgte sich auch um die Schule ihrer Kinder. Zu weit erschien ihr der Weg von Enschede zur einer grenznahen Schule in Deutschland. Der Sportclub zeigte Verständnis und man fand einen Kompromiss: Rahn musste spätestens ab Mittwoch jeder Woche in Enschede erscheinen und am Training teilnehmen. Abends fuhr er den langen Weg allerdings nicht zurück nach Essen, sondern verbrachte die Nächte während seiner Präsenzphase in der Grenzstadt Ahaus im Hotel *„Zur Krone"*. Rahn sagte, er fühle sich in den Hotels in Enschede einsam, da er aufgrund der vorhandenen Sprachbarriere mit niemanden sprechen könne.[25] Rahn verkehrte zu dieser Zeit des Öfteren mit Gronauer Geschäftsleuten in einer ortsansässigen Bar. In Gronau war es auf der Enscheder Straße der *„Bungalow 314"*. In Wessum, der Ort gehört heute zu Ahaus, war er gerne in der *„Schwarze Inge"* zu Gast.[26] Sonntagsabend oder am Montag fuhr er dann mit seiner Familie, die ihn zu den Spielen

---

[25] *Vgl. Volkskrant, 16. Januar 1961*

[26] *Vgl. Aufzeichnungen von Herrn Hans Werner Bartsch. Er führte Interviews mit Gronauer fußballinteressierten Bürgern.*

besuchte, zurück nach Essen.[27] [28] In seiner zweiten Saison beim Sportclub Enschede bezog Helmut Rahn ein Zimmer im Hotel "*De Post*" in Glanerbrug, nur 50 Meter von der deutschen Grenze entfernt.

Erst Ende Oktober 1962 zog die Familie Rahn doch noch um. Sie bezogen in der Meeuwenstraat 74 im Enscheder Stadtteil Mekkelholt eine Etagenwohnung in einem Hochhaus.[29]

Die Kinder helfen beim Entladen des Umzugswagens.

Quelle: Archiv SC Enschede

Der „neue" SC Enschede

Nach den Abgängen von Dick Reekers, Herman Schouwink, Rinus Schaap und Abe Lenstra, die zu Heracles Almelo, Oldenzaal, 't Gooi Hilversum und zu den Enschedese Boys wechselten, würde nun also auch Richard Brousek wechseln und in der kommenden Spielzeit für Be Quick Groningen spielen. Zum Verein stießen zur neuen Saison die Spieler Hans Pfeiffer, der wie Helmut Rahn vom 1. FC Köln zum SC Enschede wechselte, Henk „*Charlie*" Bosveld, Ben Wiggers, und Gerrit Voges sowie Torwart René Dijckmans von Helmondia '55, Hans v.d. Hoek von Feyenoord, Theo Kalter kam von Zwartemeer und Ruud Vondeling vom AFC Amsterdam.[30] Eine „*fast komplett neue Mannschaft*". 1960 gab der Sportclub Enschede 269.000 Gulden (einschließlich des Rahn Transfers) für neue Spieler aus. Dem gegenüber standen 64.000 Gulden für die Transfereinnahmen aus Spielerverkäufen.[31] Nun galt es für die Mannschaft, sich zu finden. Der tschechische Trainer František Fadrhonc musste aus den hervorragenden Einzelspielern eine Einheit formen. In der Vorbereitung zur neuen Saison wurden einige Testspiele abgehalten, in denen sich die Mannschaft einspielen sollte.

---

[27] *Vgl. KICKER Nr. 2 - 9. Januar 1961*

[28] *Vgl. Helmuth Rahn, Mein Hobby: Tore schießen, Deutsche Verlags-Anstalt (DVA), 2004, S. 213, S. 214*

[29] *Interview mit Ab Gellekink am 18. Juli 2020*

[30] *Vgl. „de S.S.E.-er", Orgaan van de Supportervereniging „Sportclub Enschede", S. 5, 21. August 1960*

[31] *Vgl. 100 jaar Sportclub, Jubileumboek Sportclub Enschede 1910 – 2010, S. 46*

Jetzt aber! Rahn durfte spielen - oder doch nicht?

Am Sonntag, den 31. Juli 1960 fanden sich etwa 4.000 Interessierte in Helmond ein, um voller Spannung den ersten Auftritt vom „*Boss*" zu verfolgen. Der SC Enschede spielte auswärts ein Freundschaftsspiel gegen Helmondia '55. Der niederländische Fußballverband KNVB wollte jedoch keine Erlaubnis für Rahns Einsatz erteilen. Helmondia's Ehrenvorsitzender Claus versuchte daraufhin den Präsidenten der Profifußballabteilung Herrn A.H. Martens telefonisch zu überzeugen, doch leider erwies sich dieser als unnachgiebig. Alle anderen Neuverpflichtungen des SC Enschede durften auflaufen - Rahn hingegen nicht. Rahns Vertrag war bereits am Dienstag der Woche endgültig unterzeichnet worden, doch der SC Enschede beschloss den Vertrag erst dann zum KNVB nach Den Haag zu senden, wenn der westdeutsche Verband die Zustimmung zum Rahn Wechsel gab. Am Freitag der Woche erhielt der SC Enschede die Zustimmung des DFB-Vorstandes. Nach der Zusage aus Deutschland wurde der Vertrag vom SC Enschede direkt zum KNVB gesendet. Leider wurde dieser aber nicht mehr rechtzeitig vor dem Wochenende zugestellt.[32] Das Spiel geriet ohne Rahn zur Nebensache, leider. Der Sportclub Enschede verlor mit 2:1 Toren.

Rahn durfte (fast) nicht spielen

Die nächste Hiobsbotschaft erreichte den Sportclub Enschede am 4. August, nur wenige Stunden vor dem Freundschaftsspiel gegen Schalke 04. Der KNVB teilte mit, dass Helmut Rahn beim Spiel gegen Schalke nicht aufgestellt werden dürfe. Hintergrund: Der 1. FC Köln setzte den DFB davon in Kenntnis, dass die verabredete Ablösesumme für den Rahn Wechsel noch nicht eingegangen sei. Der DFB setzte sich daraufhin direkt mit dem KNVB in Verbindung und unterrichtete die Verantwortlichen von der Kölner Beschwerde. Enschedes Jan Snoeijenbos ergriff sofort Maßnahmen. Per Fernschreiben wurde dem 1. FC Köln der geschuldete Betrag der damals astronomischen Ablösesumme in Höhe von 68.000 Gulden[33] so schnell wie möglich über eine westdeutsche Bank überwiesen. Snoeijenbos informierte daraufhin direkt den KNVB, aber in Den Haag wollte man zuerst eine offizielle Bestätigung des DFB abwarten, bevor man die Erlaubnis erteilen wollte, Rahn gegen Schalke spielen zu lassen. Da sich der Offizielle des KNVB aber nicht dazu bereit erklärte, sich beim deutschen Fußballverband in Frankfurt darüber zu informieren, ob die Transfersumme ordnungsgemäß eingegangen sei, setzte sich Snoeijenbos kurzerhand direkt mit dem 1. FC Köln in Verbindung. Auf seine Bitte hin informierte der Vorsitzende des 1. FC Köln, unmittelbar nach Erhalt der Ablösesumme, den DFB. Der KNVB teilte dann, nach Absprache mit dem Deutschen Fußball-Bund um fünf Uhr mit, dass es keine Einwände mehr gegen Rahns Teilnahme am Abendspiel gab. [34]

Spielankündigung – 4. August 1960
Quelle: Twentsche Courant

---

[32] *Vgl. Dagblad Tubantia, 1. August 1960*

[33] *Vgl. 100 jaar Sportclub, Jubileumboek Sportclub Enschede 1910 – 2010, S. 45*
[34] *Vgl. Dagblad Tubantia, 5. August 1960*

Dagblad Tubantia titelte am 5. August 1960 *„Helmut Rahn führte den Sportclub Enschede gegen Schalke `04 zum 5-4 Sieg"* und fügte hinzu: *„Der Bomber hat Fußball gespielt."* [sic]. 18.000 Zuschauer strömten am 4. August 1960 in das Stadion Diekman in Enschede, um Rahn bei seinem ersten Spiel für den SC Enschede zu beobachten. Die Schalker gingen durch Jagielski in Führung, doch Janssen konnte zum 1:1 ausgleichen. Der Sportclub ging durch Kerkhoffs Torerfolg in Führung, ehe Nowak zum 2:2 ausglich. Mit diesem Ergebnis ging es in die Pause. Nach der Pause war Helmut Rahn maßgeblich an den drei Treffern seines neuen Teams beteiligt. Den 3:2 Führungstreffer erzielte er höchstpersönlich, das Tor zum 4:2 ging auf Pfeiffer und das 5:2 erzielte wieder Kerkhoffs.[35] [36] Vor allem das Zusammenspiel zwischen Rahn und dem Ex-Kölner Hans Pfeiffer funktionierte ausgesprochen gut. Der Sportjournalist Ulfert Schröder formulierte die Gefühlslage Rahns nach dem Spiel wie folgt: *„Die Welt umarmt ihn, er umarmt die Welt."* [sic] Rahn nach dem Spiel im Interview: *„Das Spiel lief zeitweise schon sehr gut."* [sic]

Weitere Vorbereitungsspiele

Beim Freundschaftsspiel am 6. August 1960 in Hilversum gegen 't Gooi lieferte Helmut Rahn ein herausragendes Spiel und erzielte ein Tor für seinen neuen Verein. Zusätzlich dazu legte er seinen Mitspielern ein ums andere Mal sehr aussichtsreiche Bälle auf. Der Sportclub gewann verdient mit 3:2 Toren. Nach dem Spiel eilte Rahn zügig in die Umkleidekabine, um einer Armee von Jungen zu entkommen. Es waren 7.200 Zuschauer anwesend.[37]

Im nächsten Vorbereitungs- beziehungsweise Testspiel wartete Westfalia Herne. Auch in diesem Spiel zeigte Rahn seine Stärken und *„Spezialitäten"*.[38] *Klatschnass* vom Regen aber glücklich verließen die 12.000 nach dem Spiel das Stadion Diekman. Sie hatten es gesehen. Sie wissen jetzt, was ein *"Rahn Tor"* ist.

Es ging so: Ein schneller Lauf, vorbei an einem Gegner, und dann diagonal vor das Tor gestoßen, ein Schuss, Vollspann und so hart wie möglich. Tor! So einfach, aber ist dies nicht auch sein Markenzeichen? Dies war die Beschreibung eines der beiden Tore, die Rahn im Spiel gegen das Top Team der Oberliga West, Westfalia Herne, erzielte und damit maßgeblich zum 6:2 Erfolg des Sportclubs Enschede beitrug.[39] [40] Rahn begeisterte die Zuschauer mit schnellen, fast explosionsartigen Vorstößen.
Die Ergebnisse der Vorbereitungsspiele waren für die Enscheder durchaus zufriedenstellend und machten Hoffnung. Sie offenbarten aber auch, dass noch nicht alle *Zahnrädchen* ineinandergriffen.

Beker-Pokal

Zum Start in die Saison folgten zwei Pokalspiele im sogenannten Beker-Pokal. Der traditionsreiche niederländische Beker-Pokal, heute KNVB-Pokal, ist der nationale Pokalwettbewerb für niederländische Fußball-Vereinsmannschaften und wird seit der Saison 1898/99 ausgetragen.

---

[35] *Vgl. Dagblad Tubantia - 5. August 1960*
[36] *Vgl. Sportclub Enschede Jubileumboek, 1910-1985, S. 174*
[37] *Vgl. Eigene Aufzeichnungen Archiv Sportclub Enschede*
[38] *Vgl. Dagblad Tubantia - 11. August 1960*
[39] *Vgl. Eigene Aufzeichnungen Archiv Sportclub Enschede*
[40] *Vgl. Dagblad Tubantia - 11. August 1960*

Am Sonntag, den 14. August 1960 traf der Sportclub Enschede im Auswärtsspiel auf Rigtersbleek Enschede. Rigtersbleek Torhüter Wigger musste sage und schreibe neun Mal hinter sich greifen. Der Sportclub konnte das Spiel mit 2:9 für sich entscheiden. Rahn hingegen traf nicht, dabei prüfte er den Rigtersbleek Torhüter unzählige Male. Wigger musste seine vom „Boss" schmerzhaft *zerschossenen* Hände nach dem Spiel behandeln lassen. [sic] Nur drei Tage später empfing man, am Mittwoch den 17. August, im eigenen Stadion den Stadtrivalen Enschedese Boys zum Beker Pokalspiel. Das Spiel wurde gleichzeitig als Abschiedsspiel von Abe Lenstra genutzt. 23.000 Zuschauer fanden sich im Stadion ein, um ihre Legende gebührend zu verabschieden und zu feiern. Rahn spielte sehr gut, war gefährlich und zog immer wieder mehrere Gegenspieler auf sich, um Räume zu schaffen. Einen Treffer konnte der Sportclub an diesem Tag nicht erzielen, wohl auch weil Rahn in Manndeckung genommen und streng bewacht wurde. Das Spiel ging mit 0:2 verloren.

Saison 1960/61

Stehend von links: Joke Weustink, René Dijckmans, Job Hoomans, Bertus van Zoeren, Gerrit Brouwer, Ger Donners.

Kniend von links: Ben Wiggers, Pierre Kerkhoffs, Gerrit Voges, Helmut Rahn, Joop Janssen.

Quelle: Archiv SC Enschede

Saison 1960/61

Montag, 21. August 1960: Erstes Meisterschaftsspiel vor heimischem Publikum im Stadion Diekman. 21.000 Zuschauer wollten den „Boss" im Einsatz gegen DOS Utrecht sehen. Rahn spielte als Linksaußen und glänzte sehr oft durch Einzelaktionen und verstrickte seine Gegenspieler in Eins-gegen-Eins Situationen. Enschede siegte mit 3:2 - Rahn traf aus kurzer Distanz. Ein erfolgreicher und äußerst sehenswerter Einstand.

Medienspektakel Rahn.

Der „Boss" beim Warmlaufen. „Hoch das Bein!" - Der Kameramann hat ihn immer im Fokus.

Foto: Archiv SC Enschede

Die erste „Rahn – Bombe" fliegt in Richtung DOS Tor. – 21. August 1960
Die Utrecht Spieler wissen um Rahns Schusskraft und fühlen sich in der Mauer sichtlich unwohl. Sie
drehen sich ab.

Foto: Rossem, Wim van / Anefo, Nationaal Archief / Fotocollectie Anefo

Helmut Rahn im Duell mit Martin Okhuysen - 21. August 1960

Foto: Rossem, Wim van / Anefo, Nationaal Archief / Fotocollectie Anefo

Rahn wird nach einem Foul behandelt - 21. August 1960

Foto: Rossem, Wim van / Anefo, Nationaal Archief / Fotocollectie Anefo

Ecke Rahn - 21. August 1960

Foto: Archiv SC Enschede

Im Auswärtsspiel am 28. August gegen Noad Tilburg musste der Sportclub ohne Rahn auskommen. Er war verletzt und verweilte in Deutschland. Das Spiel endete torlos 0:0.

Am 4. September fand das zweite Heimspiel im Diekman vor 13.000 Zuschauer gegen den Gast MVV aus Maastricht statt. Beide Mannschaften neutralisierten sich im Mittelfeld, bis Rahn im Strafraum gefoult wurde. Schiedsrichter Roomer zeigte auf den Elfmeterpunkt, doch niemand von den Schwarz-Weißen schien den Strafstoß schießen zu wollen. Rahn handelte nach dem ungeschriebenen Gesetz, dass der Gefoulte nicht schießen sollte und schlenderte entspannt in Richtung Mittelfeld. Schließlich war es Voges, der den Ball hoch und hart ins Tor drosch. Das 1:0 war auch gleichzeitig der Endstand. Eine Woche später ging es zu Rapid JC Kerkrade. Rahn schoss aus allen Lagen, doch Keeper Jacobs, der später ausfiel, entschärfte alle Rahn *Bomben*. Es war zum Haare raufen. Dennoch konnte Enschede das Spiel mit 1:2 für sich entscheiden. Am 18. September stand abermals ein Beker Pokalspiel auf dem Programm. Das Auswärtsspiel gegen Tubantia Hengelo fand ohne den Boss statt und ging prompt mit 3:1 verloren. Am 25. September hatte der SC Enschede vor 10.000 Zuschauern im heimischen Stadion die Mannschaft von VVV aus Venlo zu Gast. Rahn hatte es schwer - er wurde in Doppeldeckung genommen. Besonders sein Bewacher Erkens ging sehr robust zu Werke. Kurz vor dem Ende kam Rahn jedoch einmal in Schussposition. Sein harter Schuss schlug aber nur am Außennetz ein. VVV erzielte das Tor des Tages und gewann das Spiel.

Spielszene SC Enschede mit Rahn und Kerkhoffs gegen VVV - 25. September 1960

Foto: Archiv SC Enschede

Am Donnerstag den 29. September 1960 war der 1. FC Köln für ein Freundschaftsspiel in Enschede zu Gast. 13.000 Zuschauer waren gespannt zu sehen, wie Rahn gegen seinen ehemaligen Club agieren würde. Rahn gegen Schnellinger. Wie gut Rahn an dem Tag war, hätte man Schnellinger fragen müssen, der den „Boss" wie einen Schatten verfolgte und bewachte. Köln gewann das Spiel mit 1:2. Rahn erzielte den einzigen Treffer für den Sportclub via Elfmeter. Das nächste Freundschaftsspiel fand am 3. Oktober statt. Gegner war Zwartemeer. Rahn traf ... jedoch nur das Außennetz. Das Spiel endete 6:2 für Zwartemeer. In der Liga wartete am 9. Oktober mit Feyenoord Rotterdam ein ganz dicker Brocken auf den Sportclub Enschede. Rahn wich in dem Spiel immer wieder auf den linken Flügel aus. Sein Muster glich dem der Spiele zuvor: nachdem er drei oder vier Gegner ausgespielt hatte, zog er in die Mitte, um abzuschließen. Leider ohne durchschlagenden Erfolg. Zu allem Übel verschoss Rahn noch einen Elfmeter. Der zu sachte und unplatziert geschossene Strafstoß konnte leicht vom Schlussmann abgewehrt werden. Feyenoord war an diesem Tag zu stark. 4:0 gewannen sie verdient gegen den SC Enschede.

Eine Woche später, man schrieb den 16. Oktober, empfing Enschede den nächsten starken Gegner im Diekman Stadion. PSV Eindhoven war vor 10.000 Zuschauern zu Gast. Torhüter Bekkering musste nach einer Kollision mit Rahn mit einer Gehirnerschütterung vom Feld. Nach der Pause kam der SC Enschede etwas besser aus der Kabine und zwei extrem harte Schüsse von Rahn brachten dem SC Enschede immensen Respekt ein. Dennoch ging das Spiel mit 2:4, aus Sicht der Enscheder, verloren. Am 23. Oktober reiste man nach Amsterdam. Die Zuschauer sahen ein schnelles und ausgeglichenes Spiel zwischen Ajax und dem Sportclub. Das Ergebnis lautete nach 90 Minuten 1:1.

Am 30. Oktober 1960 sahen 4000 Zuschauer - trotz des schlechten Wetters und der Länderspielübertragung des Spiels zwischen den Niederlanden und der Tschechoslowakei im Radio - Helmut Rahn bei der Arbeit zu. Gegner in dem Freundschaftsspiel war NEC aus Nijmegen. Eine nette Soloaktion vom „Boss" brachte dem SC Enschede das dritte Tor ein. Endstand 1:3 für Enschede. In der Liga hatten die Schwarz-Weißen am 6. November Elinkwijk aus Utrecht zu Gast. Trotz eines 2:0 Heimerfolgs des SC Enschede war es kein guter Tag für Rahn. Man begegnete ihm auf dem Platz mit großer Härte. Nachdem er nach einer Solo-Aktion von zwei Gegnern zu Boden gebracht wurde, musste er mit einer Trage vom Feld gebracht werden. Die Verletzung war aber nicht so gravierend, so dass er sich auch nicht aus dem Spiel nehmen ließ. Kurz nach der Pause hatte Rahn eine große Chance. Er feuerte aus einer Entfernung von 10 Metern. Die vielen Dribblings die er ansonsten unternahm, brachten nichts ein – außer den Applaus der 8.000 Zuschauer.

SC Enschede gegen Elinkwijk (Utrecht) 2:0.

Helmut Rahn im Duell mit Torwart Jan Volder.

Im Hintergrund: Humphrey Mijnals

(Mijnals war der erste holländischer Spieler aus Suriname der in der holländische Nationalmannschaft gespielt hat) - 6. November 1960

Foto: Archiv SC Enschede

Im Spiel in Tilburg gegen Willem II am 13. November fehlte Rahn dann doch verletzungsbedingt. Enschede konnte aber auch ohne Rahn mit 0:1 gewinnen.

Freundschaftsspiel „Auf Schalke"

Der SC Enschede reiste am 16. November nach Deutschland, um ein Freundschaftsspiel gegen Schalke 04 auszutragen. 9.000 neugierige Zuschauer sahen nach einem vorsichtigen Start und einer torlosen ersten Halbzeit, wie Rahn mit einem satten Schuss in der zweiten Halbzeit den Startschuss für eine Sportclub Offensive gab. Bertus van Zoeren köpfte nach einer Ecke von Rahn das erste Tor für den Sportclub. Enschede, ganz in orange an diesem Tag, markierte mit diesem

Treffer den 2:1 Anschlusstreffer. Zuvor trafen für die Schalker Lendzian und Ipta. Den 2:2 Ausgleich erzielte ebenfalls Van Zoeren, ehe Kreuz auf 3:2 für die Schalker erhöhen konnte.[41] [42]

Am 20. November 1960, dem 11. Spieltag, empfing der SC Enschede die Mannschaft von Fortuna '54. Rahn brachte seinen Gegner Pieneman oft zur Verzweiflung. Fortuna Keeper Belski entschärfte vorerst aber noch gekonnt Rahns gefährliche Schüsse. Enschedes Van Zoeren eröffnete den Torreigen an diesem Tag. Dann bediente Rahn seinen Kollegen Pierre Kerkhoffs, der dann eiskalt einnetzte. Zehn Minuten später bekam Rahn einen wunderschönen Pass von Kerkhoffs serviert. Der „Boss" ließ sich diese Chance nicht nehmen und überwand Belski im Gehäuse der Fortuna. Endlich wieder ein Tor von Rahn und auch noch eines von außerordentlich hoher Qualität. 3:0 siegten die Schwarz-Weißen vor knapp 6.000 Zuschauern im Diekman Stadion. Im nächsten Auswärtsspiel am 27. November setzte es eine 5:1 *Klatsche* bei NAC aus Breda. Rahn feuerte mehrere Schüsse ab, die aber ohne Wirkung blieben. Auch am 1. Dezember sah es nicht besser aus. Für ein Freundschaftsspiel war Schwarz-Weiß Essen zu Gast in Enschede. Vor nur noch 2.000 Zuschauern unterlag der Sportclub mit 1:5 Toren. Rahn spielte nur in der ersten Halbzeit. Nun hatte die Mannschaft einige Tage Zeit, sich auf das Spiel in Alkmaar vorzubereiten.

Helmut Rahn schien nur wenige Minuten nach der Halbzeitpause der Sieger des lebhaften und interessanten Fußballspiels zwischen Alkmaar '54 und dem Sportclub Enschede zu sein. Das Spiel des 13. Spieltags fand am 11. Dezember auf einem hervorragend bespielbaren Platz vor fast 13.000 Zuschauern in der Käsestadt Alkmaar statt. Rahn kam kurz nach der Halbzeit in eine aussichtsreiche Schussposition nahe dem Elfmeterpunkt. Voges trieb den Ball vor sich her und spielte den Ball flach vor Rahns Füße. Die Alkmaar Abwehr schob vor und wollte den „Boss" ins Abseits stellen. Für einen Moment warteten sie auf den Pfiff von Schiedsrichter Martens, stellten dann aber fest, dass ihre Abseitsfalle nicht zuschlug. Da war es aber schon zu spät. Rahn schoss den Ball eiskalt am Alkmaarer Keeper vorbei ins Tor. Dieser konnte nicht einmal mehr reagieren und machte auch keinerlei Anstalten, den Ball noch zu entschärfen. Fragende Gesichter der Alkmaarer Abwehrspieler. Schiedsrichter Martens zögerte nicht und zeigte zur Mitte: 0:1 in der 46. Spielminute. Es entwickelte sich ein lebhaftes und interessantes Duell. Bis zum 0:1 hatte Alkmaar, das konstruktiven Fußball spielte und sehr enthusiastisch auftrat, die besten Chancen im Spiel. Das hatte aber mit einer kurzen Drangphase des SC Enschede begonnen, in der Van Zoeren ein hervorragendes Spiel machte. Voges setzte einen Fernschuss aus mindestens 25 Metern Entfernung ab, doch der Ball schlug gegen die Latte. Dieser Moment rüttelte Alkmaar hellwach. Rahn wurde nun von Henk Tijm in Manndeckung genommen, so dass der „Boss" immer weniger Freiheiten hatte. Nur wenige Minuten nach dem Rahn Treffer fiel dann der verdiente Ausgleich. Engelsma, der den Ball von Siem Tijm zugespielt bekam, tankte sich an Joke Weustink und Ger Donners vorbei. Der Alkmaarspieler in der Mitte stolperte über seine eigenen Beine, doch kurz bevor er auf dem Boden aufschlug, schoss er den Ball unhaltbar am erstaunten Sportclub Torhüter Dijckmans vorbei in die Maschen. Ausgleich. 1:1. Was für ein kurioses Tor. Alkmaar zog nun alle Register ihres Könnens und drängte den Sportclub noch weiter zurück in ihre eigene Hälfte. Nur kurze Zeit später fiel dann noch das 2:1 für Alkmaar durch Lörincz. Der Sportclub schien sich mit der Niederlage arrangiert zu haben, doch eine knappe Viertelstunde vor Spielende gab es dank einer Umstellung eine leichte Wiederbelebung der Enscheder Bemühungen. Es folgten eine Reihe von Angriffen, die jedoch zu durchsichtig waren, um die Alkmaarer Verteidigung in Verlegenheit zu bringen. Es blieb damit beim 2:1 für Alkmaar. Rahns Tor eröffnete dem Sportclub durchaus günstige Perspektiven, doch Alkmaars Widerstand und Wille brachte den Sieg.[43]

---

[41] Vgl. *Sportclub Enschede Jubileumboek, 1910-1985, S. 174*

[42] Vgl. *Dagblad Tubantia, 16. November 1960*

[43] Vgl. *Dagblad Tubantia, 12. Dezember 1960*

Niederländische Medien: Rahn ein Fehleinkauf?

Bereits vier Monate nach Rahns Wechsel zum SC Enschede zog man in den Printmedien erste Bilanz. *„Die Ergebnisse, die Rahn bisher im niederländischen Fußballwettbewerb erzielt hat, sind nicht rosig."* Mehr noch: der Transfer von Rahn sei gar *„[...] zu einem Fiasko geworden"* [sic] so Außenstehende. Es hieß: *"Letztes Jahr hat Rahn eine ganze Saison für den 1. FC Köln gespielt. Er hat in den ersten drei Spielen einmal getroffen. In Enschede hat er bisher 3 Tore erzielt. In Köln war er jedoch am Ende der Saison einer der erfolgreichsten Torschützen."*[44] Den „Boss" und den Sportclub ließen die Aussagen kalt. Man ließ sie so stehen und kommentierte sie nicht. Nur allzu oft wurde Rahn in der Vergangenheit mit ähnlichen Aussagen konfrontiert. „Boss" Rahn war äußerst zuversichtlich, dass er sich schnell ins Team einfinden würde und die Mannschaft spielerisch durchaus harmonieren würde.

Zurück zum Tagesgeschäft: Am 18. Dezember empfing der Sportclub die Mannschaft von ADO aus Den Haag. Der SC Enschede hatte einen guten Start und Rahn, in diesem Spiel Mittelstürmer, servierte den Flügelstürmern einige schöne Pässe. Nach einer Flanke von Janssen köpfte Rahn seine Mannschaft zur Führung. Den Haag ließ sich von dem Rückstand nicht beirren und drehte das Spiel. Zur Halbzeit stand es bereits 1:3. Bei diesem Spielstand musste Rahn das Feld verletzungsbedingt verlassen. Nach der Halbzeitpause wurde es nicht viel besser, so dass der Endstand nach 90 Minuten 2:5 lautete. Der Sportclub war komplett von der Rolle. Ein Funken Hoffnung keimte im letzten Spiel des Jahres 1960 gegen Sparta in Rotterdam auf. Ohne „Boss" Rahn gelang dem SC Enschede ein 0:2 Auswärtssieg.

Am 8. Januar 1961 war im ersten Heimspiel des neuen Jahres vor 17.000 Zuschauern die Mannschaft des GVAV aus Groningen zu Gast. Drei Szenen, die bereits in den ersten 45 Minuten für große Aufregung sorgten: Ein Treffer von Rahn wurde, obwohl der Ball hinter der Linie war, nicht anerkannt und ein Elfmeter wurde nach einem Handspiel von Bram van der Hoeven nicht gegeben. Da Rahn Torhüter Roffel in einer Szene weggeschoben hatte, wurde sein Tor zu Recht nicht gegeben. Schiedsrichter Horn wurde zur Halbzeit mit Buhrufen in die Umkleidekabine begleitet. Rahn stand nach der Halbzeit mehrere Male im Abseits, doch brachte er die Verteidigung von GVAV mit seinen harten Pässen, Flanken und Schüssen ein ums andere Mal in Verlegenheit. All der Aufwand war vergebens: der SC Enschede verlor abermals ein Heimspiel. GVAV siegte mit 0:1 und entführte damit die Punkte nach Groningen. Am nächsten Spieltag traf man auswärts auf DOS Utrecht. Helmut Rahn war aufgrund einer Grippeerkrankung nicht mit dabei. Ein echtes Handicap für seinen Sportclub, doch auch ohne den „Boss" konnte man einen 1:2 Sieg erringen.

---

[44] *Vgl. Dagblad Tubantia, 10. Dezember 1960*

Der Kicker – 9. Januar 1961

Titelseite „Kicker" – 9. Januar 1961

Rahn möchte zurück in die Nationalmannschaft

Die BILD führte im Januar 1961 ein Interview mit Helmut Rahn, in dem er ankündigte, dass er sich gerne wieder für einen Platz in der deutschen Nationalmannschaft anbieten und mit Leistung aufdrängen möchte. Die BILD hatte Bundestrainer Sepp Herberger bereits mehrere Monate zuvor gefragt, ob es unüberwindliche Einwände gegen die Nominierung von Rahn im Kader der Nationalmannschaft geben würde. Herberger verneinte dies und verwies auf die damals extra mit den Niederländern getroffene Vereinbarung, dass der "*Boss*" immer für Länderspielwettbewerbe zur Verfügung stehen würde. Dass er in den letzten Länderspielen nicht berücksichtigt wurde, erklärte Rahn mit seiner nicht optimalen Form. Die BILD berichtete in einem weiteren Artikel, dass sich diese Form nun aber wieder extrem verbessert habe. Zum ersten Mal in seinem Leben lief der 31-jährige Rahn, der immer dazu neigte, schnell an Gewicht zuzunehmen, nun erstmalig in Gefahr, ins Übertraining zu geraten. Sechsmal pro Woche, manchmal zweimal am Tag, wurde Rahn vom tschechischen Trainer des SC Enschede, Dr. Fadrhonc, persönlich betreut und knallhart trainiert. Das Ergebnis war überragend. Rahn reduzierte sein Gewicht immens, was auch die Mannschafts- und Spieltagfotos eindrucksvoll bewiesen. Der „*Boss*" war voll austrainiert und in Topform.[45]

Rahn beschwerte sich über zu harte Spielweise

Den bereits angesprochenen „*Trainingsüberschuss*" mochte Rahn ebenso wenig, wie die oft sehr harte Spielweise in der niederländischen Eredivisie. Rahn machte in einem Interview mit dem Volkskrant klar, dass es ihm so vorkäme, als sehe man ihn als eine Art „*Edelwild*", welches jeder Verteidiger in der Liga mit Gewalt erlegen möchte. [sic] Ganz unrecht hatte er mit dieser Aussage sicher nicht, denn mehr als einmal wurde er in den Spielen attackiert und gefoult. Oftmals konnte Rahn nach solchen Spielen nur noch mit schmerzlindernden Medikamenten auflaufen. Damit machte er seinen Standpunkt klar, schob aber direkt hinterher, dass er trotzdem alle Verpflichtungen aus seinem Zweijahresvertrag treu erfüllen würde, solange die andere Partei dies ebenfalls täte.[46]

Heimweh

Mitte Januar 1961 machte in Enschede das Gerücht die Runde, dass Rahn jedoch nicht gewillt sei, seinen Vertrag beim Sportclub zu erfüllen. Wie man dem Fußballmagazin "*Kicker*" entnehmen konnte, vermisste Rahn den deutschen Fußball und dessen Spielweise. Rahn beklagte sich darüber, dass er ständig von zwei oder drei Spielern gedeckt wird, oft auch auf viel zu harte und unfaire Art und Weise. Heimweh nach dem deutschen Fußball, aber auch nach dem Leben in Deutschland.

Nach überstandener Grippe griff Rahn am 5. Februar 1961 wieder ins Spielgeschehen ein. Der Sportclub empfing NOAD Tilburg im eigenen Stadion. Die größte Gefahr im Spiel ging von Rahns scharf und hart getretenen Eckstößen aus. Kerkhoffs köpfte den Ball in der 38. Spielminute nach genau solch einer Ecke ins gegnerische Tor. Innerhalb kürzester Zeit drehte Rahn ein paar gefährlich angeschnittene Bälle auf das NOAD Tor. Zwei wurden sehenswert und gekonnt vom Tilburg Keeper entschärft, der dritte Schuss zischte von der Eckfahne fliegend plötzlich und überraschend für alle

---

[45] Vgl. *Volkskrant, 14. Januar 1960*
[46] Vgl. *Volkskrant, 14. Januar 1960*

direkt ins Netz. 2:0. Rahn persönlich sorgte auch für den dritten Treffer - eine schöne „Bogenlampe" fand seinen Weg ins Tor. Der Schiedsrichter pfiff die Partie ab. Endstand 3:0 für Enschede.

Im Beker Pokal musste der SC Enschede in Oldenzaal antreten. 3.000 Zuschauer wurden Zeuge, wie Oldenzaal Torhüter Tonny Olde Punte Schwerstarbeit gegen Rahns gefährliche Schüsse zu leisten hatte. Endstand nach 90 Spielminuten: 1:1. Die Leistungen schwankten aber weiter: Im Spiel gegen MVV unterlag man am 19. Februar mit 1:0. Der „Boss" wurde weitestgehend ausgeschaltet. Nur zweimal tauchte er in der ersten Hälfte vor Torhüter Van Neer auf. Das folgende Heimspiel am 26. Februar gegen Rapid JC Kerkrade ging gar mit 0:2 verloren. Eine Reihe von Rahns Ecken waren die einzige Gefahr, die der SC Enschede gegen Rapid geltend machen konnte. Rahn traf einmal die Querlatte. Im nächsten Spiel traf man in Venlo auf VVV. Zu allem Übel erwischte ausgerechnet der „Boss" an diesem Spieltag einen rabenschwarzen Tag. Dreitausend Deutsche reisten voller Vorfreude nach Venlo, um Helmut Rahn bei der Arbeit zuzusehen. Aber sie alle verließen desillusioniert nach dem 1:0 Endstand für Venlo das Stadion De Kraal. Enttäuscht von dem Mann, der Deutschland einst mit seinen Toren zum Weltmeistertitel verhalf. Rahn lief das Spiel über desinteressiert über den Rasen. Kurz vor Ende der Partie vergab er noch eine aussichtsreiche Chance. Eine Woche später, am 12. März, war Feyenoord vor 18.000 Zuschauern zu Gast im Diekman Stadion. Bereits in der dritten Minute setzte Rahn eine seiner gefürchteten Schüsse auf das Rotterdamer Tor ab, doch Keeper Eddy Pieters Graafland gab dem Ball in allerletzter Sekunde noch eine andere Flugbahn. Der Ball verpasste nur knapp sein Ziel. Auch andere Aktionen Rahns sorgten für Gefahr. Ein Lattentreffer von ihm sorgte nochmals für Aufregung, das Spiel ging jedoch mit 0:2 verloren. Nun schlitterte man gefährlich den Abstiegsplätzen entgegen.

Bevor man sich auf den Abstiegskampf konzentrieren konnte, empfing am 16. März 1961 eine Kombination aus Spielern der Enschedese Boys und des Sportclubs Enschede eine Mannschaft aus Moskau. Die 16-köpfige Mannschaft bestand aus Spielern von Torpedo, Dynamo, Spartak und CSK Moskau unter Trainer Kachalyn. Abe Lenstra und Helmut Rahn spielten damit erstmals in einer Mannschaft zusammen. Ironischerweise wäre es bereits im Jahr 1953 beinahe dazu gekommen, denn damals fragte der DFB-Pokalsieger Rot-Weiss Essen, ob Lenstra sich einen Wechsel nach Deutschland vorstellen könne. Clubmanager Fritz Wexler war sich offenbar Abe Lenstras früherer Weigerung, ins Ausland wechseln zu wollen, nicht bewusst. In einem Brief bot der Deutsche Lenstra die Position des Mittelstürmers an. Auch wies Wexler in seinem Schreiben darauf hin, dass es eine große Ehre wäre, mit einem Top-Fußballspieler wie Helmut Rahn zusammen spielen zu können. Lenstra dachte aber anders darüber und ignorierte das Angebot aus Deutschland.[47] Vor der Pause verfehlten Rahns Schüsse teils weit ihr Ziel, aber in der zweiten Hälfte kamen einige seiner Flanken in gefährliche Zonen des Moskauer Strafraums. Eine dieser gefährlichen Flanken wurde auch Lenstra präsentiert, doch leider kam dieser zu spät. Rahn versuchte sein Glück auch mit Einzelaktionen, doch auch diese brachten keinen zählbaren Erfolg. Das Spiel endete 2:1 für Moskau.

---

[47] Vgl. Abe: De biografie, Johann Mast, Uitgeverij Noordboek, 2019

Legenden unter sich.

Links: Superstar Abe Lenstra mit Helmut Rahn - 16. März 1961

Quelle: Archiv SC Enschede

Nach dem Freundschaftsspiel reiste der Sportclub am 19. März zum PSV Eindhoven. Rahn wirkte nicht mit und das Spiel wurde mit 1:3 verloren.

Es rumorte

Auch bei der 2:5 Niederlage gegen Ajax Amsterdam eine Woche später spielte Rahn nicht mit. Obwohl er am Abschlusstraining teilnahm und auch aufgestellt war, fehlte er ohne Abmeldung. In diesem Zusammenhang wurde berichtet, dass der Vorstand des SC Enschede gegen Rahn eine Geldstrafe von mehreren hundert Gulden wegen schwerwiegendem Fehlverhalten verhängt hatte. Es gab auch Schwierigkeiten mit Trainer Fadrhonc. Im Stadion Diekman diskutierten in der Halbzeitpause einige Ehrenmitglieder des SC Enschede über den Übungsleiter. Sie erhoben Einwände gegen ihn und machten in erster Linie ihn für die schlechten Ergebnisse der Mannschaft verantwortlich. Seitens des Sportclubs plante man diese Einwände, vor der internen Kammer zu diskutieren.

Schlussspurt – „*Tormaschine*" Rahn drehte auf

Beim torlosen Unentschieden auswärts gegen DWS Amsterdam spielte der „*Boss*" dann wieder mit und musste in der 22. Spielminute mit einer Kopfwunde vom Platz getragen werden. Nur zwei Tage nach dem Hinspiel war DWS Amsterdam dann am 3. April zu Gast in Enschede. Der mit acht Klammern an der Schläfe getackerte Rahn war der Garant für ein hart umkämpftes 2:2 Unentschieden gegen DWS. „*Boss*" Rahn erzielte beide Tore. Nach einer Flanke von Janssen kam der Ball über Hoomans zu Rahn, der den Ball formvollendet zum 1:1 einschoss. Nach einer wunderschönen Flanke von Janssen köpfte Rahn dann noch das zweite Tor.

Gegen USV Elinkwijk musste der Sportclub Enschede am 9. April eine 2:1 Niederlage hinnehmen. In der Folgewoche empfing man Willem II im eigenen Stadion. „*Boss*" Rahn arbeitete unermüdlich für den Erfolg. Er kämpfte, warf sich in jeden Zweikampf und schoss aus allen Lagen. Nachdem er zuerst das Lattenkreuz auf Stabilität prüfte, erntete er nach hervorragender Vorarbeit von Bosveld und Voges in der 35. Spielminute den Lohn seiner Mühen, als er den so wichtigen 3:2 Endstand für Enschede erzielte. Am 23. April reiste man zu Fortuna '54. Die meiste Gefahr ging auch in diesem Spiel von Rahn aus, doch es war zuerst Fortunas Bob Jongen, der das erste Tor für Fortuna erzielte. In der 24. Minute schraubte er das Ergebnis sogar noch auf 2:0. Die Fortuna Fans sahen sich schon als Sieger und feierten ausgelassen. Doch nur eine Minute, nachdem der Jubel über Jongens zweites Tor verstummt war, umkurvte Rahn im vollen Tempo Fortuna Spieler Custers, ließ auch Notermans mit einer seiner berühmten Körpertäuschungen alt aussehen und nahm Maß. Sein 20 Meter Geschoß flog unaufhaltsam in Richtung Torhüter Gijzel. Der Ball schlug nur wenige Augenblicke später im Winkel ein. Das Ding war unhaltbar. Die Fortuna-Spieler wurden nun etwas nervöser. Hatten sie bereits Zweifel an einem möglichen Sieg? Sie erblassten dann in der 27. Minute, knapp zwei Minuten nach Rahns Tor. Torhüter Gijzel konnte eine scharf geschnittene Flanke nicht entschärfen, musste den Ball fallenlassen, Rahn war zur Stelle, reagierte am schnellsten und passte den Ball zu Bosveld. Dieser schob das Leder eiskalt zum 2:2 Endstand ein.[48]

Am 2. Mai 1961 spielte erneut eine Kombination aus Sportclub und Boys Spielern zusammen. Dieses Mal war der englische Club Sheffield United vor 8.500 Zuschauen für ein Freundschaftsspiel zu Gast im Diekman Stadion. Rahn war der einzige Spieler, der mutig und energisch seine Gegner anlief und in Zweikämpfe verwickelte. Ihm gelang in der 35. Minute ein kluger und technisch sehr anspruchsvoller Schlenzer um Torhüter Alan Hodgkinson. Der Keeper war sichtlich überrascht, konnte den Ball aber mit einem Sprint gerade noch und in allerletzter Sekunde erlaufen, um so ein Tor vom „*Boss*" zu verhindern. In der 44. Minute schlug der Ball dann aber doch in Hodgkinsons Tor ein. Rahn erzielte ein wunderbares Tor nach einem Freistoß.

Am 7. Mai erlebten die Fans, die es mit dem SC Enschede hielten, ein Schützenfest ihrer Mannschaft. NAC Breda wurde mit 6:2 geschlagen. In der freien Position erzielte Rahn das zweite Tor. Rahn und Bosveld blieben in gemeinsamen Kombinationen, und auch jeder individuell, äußerst gefährlich. In der 35. Minute dann ein sehenswerter Pass von Bosveld auf Rahn. Der fackelte nicht lange, ein satter Schuss und das bedeutete das 6:2 für den Sportclub Enschede. Abermaliger Doppelpack von Helmut Rahn. Die weiteren Tore für Enschede schossen Voges (2), Janssen und Bosveld. Für NAC traf Visschers zweimal. Bis der nächste Spieltag ausgetragen wurde, dauerte es etwas. Am 20. Mai 1961 empfing der Sportclub die Mannschaft von Alkmaar '54. Rahn wurde von Henk Tijm in robuste Manndeckung und gut aus dem Spiel genommen. Die beiden Tore für Enschede gingen auf das Konto von Bosveld. Für Alkmaar trafen Engelsma und Lőrincz. Für das nächste Auswärtsspiel reiste man zu ADO Den Haag. 16.000 Zuschauer wurden am 22. Mai 1961 im Zuiderparkstadion Zeuge, wie Rahn, direkt nach Schiedsrichter Piet Roomer's Anpfiff, das Spiel mit einem satten Pfostenschuss eröffnete. Den Führungstreffer für Enschede erzielte Ben Wiggers. Schuurman konnte aber ausgleichen. Durch die Tore von Hup und erneut Schuurman baute Den

---

[48] *Vgl. Twentsche Courant, 24. April 1961*

Haag die Führung auf 3:1 aus. Nach der Pause hatte der "*Boss*" noch einige schöne Chancen, doch es dauerte bis drei Minuten vor Schluss, da umspielte Rahn Torhüter Oostrum und erzielte das zweite Tor für den SC Enschede. Das 3:2 war auch gleichzeitig der Endstand. Im folgenden Heimspiel gegen Sparta Rotterdam setzte es eine 2:5 Niederlage. Rahn spielte nicht mit. Das Spiel des SC Enschede, der am 34. Spieltag im Oosterpark beim GVAV antreten musste, nahm eine erfreuliche Entwicklung, als nach nur fünf Minuten Spielzeit Bosveld völlig freistehend das 0:1 erzielen konnte. Doch nur drei Minuten später zögerten die Verteidiger von Enschede bei einem Pass von De Koe, der es dem Gegner ermöglichte, den Ausgleich zum 1:1 zu erzielen. Mit diesem Ergebnis ging es in die Halbzeitpause. Wiederholt zeigte Helmut Rahn in der zweiten Halbzeit mit seinen gefährlichen Schüssen, dass er beim GVAV gewinnen wollte. Viele seiner Schüsse verfehlten ihr Ziel oder prallten vom Torpfosten ab, doch kurz vor Schluss setzte er nochmals zu einem Fernschuss an. GVAV Keeper Roffel sprang vergeblich in die Ecke, in die der Ball einschlug: 2:1 für den Sportclub Enschede.[49]

Statistiken – Saison 1960/61

Tabellenstand - K.N.V.B. Eredivisie 1960/61

1.	Feyenoord	34	53	100:40
2.	Ajax	34	51	102:51
3.	VVV	34	42	77:47
4.	Sparta	34	41	71:54
5.	DOS	34	39	71:49
6.	GVAV	34	38	57:51
7.	PSV	34	37	74:59
8.	DWS/A.	34	35	59:49
9.	NAC	34	34	59:64
10.	Willem II	34	32	53:71
11.	ADO	34	32	59:78
12.	**SC Enschede**	**34**	**30**	**52:63**
13.	Rapid J.C.	34	29	42:54
14.	MVV	34	28	45:70
15.	Fortuna `54	34	26	52:69
16.	Elinkwijk	34	25	43:72
17.	Alkmaar	34	24	39:6
18.	NOAD	34	16	28:81

[50] [51]

Für den Sportclub Enschede endete die Saison mit einem enttäuschenden zwölften Tabellenplatz. Sie blieben mit diesem Tabellenplatz weit hinter den eigenen Erwartungen und ihren gesteckten Zielen zurück. Mit seinen 14 Saisontoren war Helmut Rahn der erfolgreichste Torschütze seiner Mannschaft.

Besucherzahlen Heimspiele SC Enschede, Diekman Stadion

Spielzeit 1960/61: 151.115 [52] (exklusive Vereinsmitglieder und Dauerkarteninhaber)

---

[49] *Vgl. Dagblad Tubantia, 5. Juni 1961*
[50] *Vgl. Sportclub Enschede Jubileumboek, 1910-1985, S. 180*
[51] *Vgl. https://eredivisie.nl/*
[52] *Vgl. Sportclub Enschede Jubileumboek, 1910-1985, S. 193*

Einsätze von Helmut Rahn in der Spielzeit 1960/61: 27 [53]

Erzielte Tore von Helmut Rahn in der Spielzeit 1960/61: 14

Besuch von der Hafenstrasse - Freundschaftsspiel gegen Rot-Weiss

Saisonabschluss in Enschede: Rot-Weiss Essen zu Gast im Stadion Diekman. Knapp 5.000 Zuschauer sahen am 16. Juni ein ausgeglichenes Spiel. Nach 25 Spielminuten schied Helmut Rahn verletzungsbedingt aus. Spielstand nach 90 Minuten: 1:1. Ab in die Ferien!

Vorbereitungsspiele

Nach der Sommerpause versammelte Trainer František Fadrhonc seine Mannen frühzeitig, um in die Saisonvorbereitung einzusteigen. Im ersten Testspiel traf man Anfang August auf FK Borac aus Banja Luka (damaliges Jugoslawien). Rahn war voller Spielfreude, doch seine individuellen Aktionen scheiterten wiederholt an der gegnerischen Verteidigung. Das Spiel ging mit 0:2 verloren.

Besser lief es am 13. August 1961 gegen den sizilianischen Club Catania. Rahn konnte zwar den Torhüter der italienischen Nationalmannschaft Giuseppe Vavassori nicht überwinden, doch dies hielt ihn im Spiel nicht davon ab, es mehrfach zu versuchen. Der „Boss" wirbelte die italienische Hintermannschaft so durcheinander, dass Lücken entstanden, die seine Mitspieler nutzen konnten. Das Spiel wurde völlig verdient mit 3:2 gewonnen.

---

[53] *Vgl. Sportclub Enschede Jubileumboek, 1910-1985, S. 166*

SC Enschede gegen CC Catania 3:2 - 13. August 1961

Foto: Henk Brusse

Saison 1961/62

Der Meisterschaftsbetrieb der Saison 1961/62 startete offiziell am 20. August 1961 mit einem Heimspiel gegen FC Volendam. 13.000 Zuschauer pilgerten ins Stadion Diekman. Es war kein guter Start für Helmut Rahn. Fünf Minuten vor der Halbzeit musste er verletzungsbedingt aus dem Spiel genommen werden. Prompt wurde auch das Spiel mit 2:3 verloren. Rahn brannte förmlich auf den nächsten Einsatz - jedoch musste er im Auswärtsspiel gegen Ajax Amsterdam (6:1 für Ajax) aussetzen. Im Freundschaftsspiel gegen Vosta Enschede (1:0 für den SC Enschede) versuchte er es dennoch, musste jedoch feststellen, dass dieser Einsatz - so kurz nach der Verletzung - viel zu früh war. Ein großer Fehler. Dementsprechend fehlte er auch in den nächsten drei Spielen. Ohne Rahn unterlag Enschede gegen Willem II mit 2:4 Toren und gegen Feyenoord mit 0:2. Das Freundschaftsspiel gegen Rigtersbleek Enschede konnte der Sportclub hingegen mit 3:0 für sich entscheiden.

Sein so ersehntes „Comeback" konnte Rahn im Spiel gegen NAC Breda am 17. September 1961 feiern. Es wurde ein schöner Tag für Rahn und den Sportclub. In der 37. Minute passte Lendzian den Ball zu Rahn, der die Brabanter Abwehr mit einer schnellen Drehung überraschte und dann flach ins Eck schoss. 1:0 für Enschede. Erstes Saisontor für „Boss" Rahn. Kurz vor der Pause sorgte Van der Wel für das 2:0. Das 3:0 durch Rahn wurde mit einem Pass von Ter Beek eingeleitet. Rahn führte eine schnelle Körpertäuschung durch, zog schnell an Pelkmans vorbei und zog ab. Torhüter Peter van de Merwe konnte nicht einmal mehr reagieren. Eine typische "*Rahn Bombe*" - wie in "*alten Zeiten*", jubelten die niederländischen Printmedien. Jacques Visschers konnte zum Ende der Partie noch den 3:1 Ehrentreffer für Breda erzielen. Niemand nahm es Rahn nach seinen zwei Toren übel, dass er sich in den letzten zehn Spielminuten eine Auszeit nahm. Es war mehr ein "*auf seinen Lorbeeren ausruhen*", die er mit seinen beiden wunderschönen Treffern geerntet hatte.[54] Eine Woche später hingegen wieder Ernüchterung pur. Das Auswärtsspiel bei Fortuna '54 ging, aus Sportclub Sicht, mit 0:5 verloren. Jubelstürme der Zuschauer, wenn Rahn immer wieder die Verteidigung der Fortuna mit erstaunlichen Sprints und Dribblings in Panik versetzte und auch regelmäßig seine gefürchteten Schüsse abfeuerte. Vergebens. Die Punkte blieben bei der Fortuna. Auch eine Woche später gab es im nächsten Heimspiel für Cor Luiten und Helmut Rahn in der Sturmreihe des SC Enschede, gegen eine geschlossene Abwehr des PSV Eindhoven, nur wenig zu gewinnen. Rahn gab seine Soloaktionen schnell auf und spielte mehr Kombinationsfußball. Keine Tore für den Sportclub Enschede. Das Tor für Eindhoven schoss Pierre Kerkhoffs. Auch am 8. Spieltag gab es kein Erfolgserlebnis für die Mannen um Helmut Rahn. Gegen VVV Venlo verlor man mit 0:2 Toren. Der technisch äußerst versierte Verteidiger Appeldoorn stand dem gefährlichen Rahn während der gesamten Spielzeit auf den Füßen. Er schien keinen seiner berühmt-berüchtigten Schüsse abgeben zu können. Mit einigen 40 Meter Schüssen versuchte Rahn dennoch sein Glück. Oftmals zog er drei Venloer Spieler auf sich, um dann den Ball mit einem maßgeschneiderten Pass auf Lendzian zu geben. Doch auch dessen Schüsse wurden vom gegnerischen Torhüter Schroemgens - oft nur mit größter Anstrengung - vereitelt. Nach dieser Niederlage belegte der SC Enschede den letzten Tabellenplatz. Die Kehrtwende gelang dann am 15. Oktober 1961 im heimischen Stadion gegen ADO Den Haag. Aber auch in diesem Spiel war harte Arbeit angesagt - es dauerte bis zur 38. Spielminute, bis Helmut Rahn das 1:0 für Enschede erzielen konnte. Kategorie „*Glückstor*". Was soll's?! Dem „*Boss*" wird es egal gewesen sein. Das 2:0 bereitete er dann selbst vor. Torschütze war Lendzian. Kurze Zeit später drang Rahn in den gegnerischen Strafraum ein und Van der Hoek agierte zu ungestüm. Rahn kam zu Fall. Den fälligen Strafstoß verwandelte Arend van der Wel zum zwischenzeitlichen 3:0. Den Schlusspunkt, aus Sicht des SC Enschede, setzte Wiggers. Den Anschlusstreffer zum 4:1 erzielte Maarten Trommel. Nach dem Sieg kletterte man in der Tabelle auf den vorletzten Platz. Die Freude währte nur kurz. Die Meisterschaftsspiele gegen De Volewijckers (3:1 Niederlage), Rapid JC Heerlen (1:2 Niederlage) sowie das Freundschaftsspiel gegen Go Ahead Deventer (4:2 Niederlage) am 12. November gingen allesamt verloren. Damit belegte man wieder den letzten Tabellenplatz. Ausgerechnet beim Auswärtsspiel am 19. November 1961 gegen den Tabellennachbarn Sparta Rotterdam gelang dem SC Enschede ein ganz wichtiger 2:0 Sieg, bei dem Rahn der Motor des Sportclub war. Rahn zeigte sein komplettes Portfolio an Tricks. Die Tore erzielten Henk Bosveld und Jaap Advocaat. Mit diesem Sieg hatte man wieder Anschluss an die Nichtabstiegsplätze. Zwar verlor man das Heimspiel gegen DOS Utrecht am 26. November 1961, doch konnte Rahn sagenhafte drei Tore in diesem Spiel, welches mit 3:4 verloren ging, erzielen. Bereits nach vier Spielminuten brachte Rahn den Sportclub mit einem Distanzschuss in Führung. In der 69. Minute erzielte er nach einem Freistoß von Hoomans seinen zweiten Treffer. Vier Minuten später gelang ihm dann sein dritter Treffer in diesem Spiel.[55] [56] Mit diesem Ergebnis trat man in der Tabelle auf der Stelle. Eine gerechte Punkteteilung dann beim Auswärtsspiel des 14. Spieltags gegen Blauw Wit Amsterdam. Nach einer hart umkämpften und torlosen ersten Halbzeit, konnte der Sportclub nach einem Eckball von Rahn in der 61. Spielminute mit 1:0 in Führung gehen. Torhüter Conrad ließ den Ball nach dem Eckball von Rahn fallen und Bosveld konnte aus kurzer Distanz zum 0:1 einschießen. Wim Bleijenberg glich in der 76. Minute zum 1:1 Endstand aus. Auch im Spiel am 10. Dezember 1961, auswärts im Olympisch Stadion in Amsterdam gegen DWS, reichte es nur zu einem 2:2. Bereits in der 19. Minute gelang Bosveld die Führung für den Sportclub, doch konnte Schenkel

---

[54] *Vgl. Dagblad Tubantia, 18. September 1961*
[55] *Vgl. Dagblad Tubantia, 27. November 1961*
[56] *Vgl. Sport en Sportwereld, 27. November 1961*

ausgleichen und Braam gar auf 2:1 erhöhen. Doch dann, man schrieb die 42. Minute, segelte das Leder nach einer Ecke von Advocaat auf den „Boss" zu. Rahn spielte sich exzellent frei und zog aus etwa zwanzig Metern ab. Der satte Schuss schlug im Winkel ein. Eine gerechte Punkteteilung.

„Helmut Rahn kann den Sportclub auch nicht alleine retten." [sic] titelte das Dagblad Tubantia am 18. Dezember 1961 nach der 0:1 Niederlage gegen die GVAV. Voller Eifer stemmte sich Rahn gegen die drohende Niederlage, doch wie bereits geschrieben, reichten seine Bemühungen alleine nicht aus. Von seinen Mitspielern war in diesem Spiel nicht viel zu sehen. Am 14. Januar 1962 setzte es gegen den FC Volendam eine 4:1 Niederlage. Auch in diesem Spiel war Rahn erneut der beste Spieler auf dem Platz. In der 55. Spielminute konnte er zumindest kurzzeitig das Ergebnis auf 1:1 stellen. Zum Glück konnten die Tabellennachbarn, unter anderem der Rapid JC Heerlen, auch nicht punkten. In welch grandioser Form Rahn zu dieser Zeit war, zeigte das folgende Heimspiel des 18. Spieltags am 21. Januar 1962 gegen Ajax Amsterdam. Das Spiel gegen den Tabellenzweiten wollten 10.000 Zuschauer mit verfolgen. Rahn schoss Ajax in der zweiten Halbzeit, mit Toren in der 62. und 65. Minute, im Alleingang aus dem Stadion.[57] Mit diesem 2:0 Erfolg tauschte der SC Enschede die „rote Laterne" mit Rapid JC, die nach ihrer 2:5 Heimspielniederlage gegen NAC Breda nun Tabellenletzter waren.

„Feuer frei":

Rahn ist zu schnell für Ton Pronk und schließt ab. - 21. Januar 1962

Foto: Rossem, Wim van / Anefo, Nationaal Archief / Fotocollectie Anefo

---

[57] Vgl. Dagblad Tubantia, 22. Januar 1962

Rahn verlässt unter großem Jubel der Zuschauer das Spielfeld - 21. Januar 1962

Foto: Rossem, Wim van / Anefo, Nationaal Archief / Fotocollectie Anefo

Konstant gute Leistungen weckten Begehrlichkeiten

Nach seinen zuletzt hervorragenden Leistungen berichteten deutsche und niederländische Medien davon, dass Rahn ein Topkandidat auf einen Platz in der Nationalmannschaft sei. Gerade im Hinblick auf die kommende Weltmeisterschaft in Chile könne man nicht nur alleine auf Uwe Seeler vom Hamburger SV und Hans Schäfer vom 1. FC Köln im Angriff setzen. Bei einem Freundschaftsspiel des Sportclub Enschede in Köln gegen den *„Effzeh"* am 7. Februar 1962 waren auch Bundestrainer Sepp Herberger, Dr. Bauwens und Helmut Schön anwesend. Unter normalen Umständen wären wohl nur einige wenige Zuschauer bei dem regnerischen Wetter ins Stadion gekommen und hätten sich ein Freundschaftsspiel angeschaut. Doch wenn Helmut Rahn spielte, dann war das eine ganz andere Sache. 20.000 Zuschauer kamen an diesem nasskalten Mittwochabend ins Kölner Stadion. Zwar verlor Enschede mit 0:3 Toren, doch sah der Bundestrainer einen fleißigen und gut aufspielenden Rahn, der einige Male seinem ehemaligen Vereinskollegen Karl-Heinz Schnellinger entwich und Flanken auf seine Mitspieler schlagen konnte.[58] Bereits vor Jahren witzelte Herberger über Rahns Kondition: *„Wenn der Helmut nicht ganz in Form ist, dann gibt er wenigstens Vorlagen, erinnert sich, dass er Mitspieler hat ..."* [sic] Die anwesenden Zuschauer sahen einen *„Boss"* mit ungebrochener Schusskraft. Rahns Schuss von der Strafraumgrenze in der zweiten Spielminute beispielsweise, genau in den Winkel, hätte laut *„Kicker"* Bericht in der Ausgabe

---

[58] *Vgl. Kicken beim Feind?, Ingo Schiweck, MaveriX, 2006, S. 34, S. 35*

Nr. 7 vom 12. Februar 1962 ein Schuss sein können, der eine Weltmeisterschaft entscheiden kann. Kölns Schlussmann Ewert kam mit den Fingerspitzen an den Ball und konnte ihn damit knapp am Tor vorbeilenken. Kurz vor Spielende setzte Rahn nochmals ein Geschoss ab. Ewert stand wie zufällig in der richtigen Ecke. Rahn spielte nicht überragend, doch wären seine beiden Schüsse in der zweiten Spielminute und kurz vor Schluss ins Tor gegangen, hätte man ihn auf Schultern vom Platz getragen. Nach dem Spiel gab Herberger dem „Boss" die Anweisung: „Nur Intervall! Achten Sie auf Ihr Gewicht! Laufen, laufen, laufen! Alles andere können Sie!" [sic] [59]

„Mit oder ohne Rahn?"

Unter der obigen Überschrift erschien im "Nürnberger Tageblatt" vom Donnerstag, 14. Februar 1962 der folgende Artikel von Willy Neumeier im Abschnitt "Zwischen den Sonntagen":

"Seit Bundestrainer Sepp Herberger kürzlich angedeutet hat, dass er den ehemaligen Schützen der deutschen Nationalmannschaft Helmut Rahn noch nicht endgültig für die WM in Chile abgeschrieben hat, wird der Name des Essener Spielers, der jetzt für den SC Enschede spielt, regelmäßig in den Kolumnen der Sportpresse verfolgt. Während einige der Kollegen meinten, er sei nicht nur fülliger geworden, sondern jetzt auch 32 Jahre alt, gibt es immer noch viele Journalisten, die ihn sich nach sorgfältigen Vorbereitungen als Rechtsaußen in Santiago vorstellen können." [sic]

Der „Kicker" ließ die Chile WM-Mannschaft „des Volkes" wählen. 10.643 Leser sendeten ihre Aufstellungen ein. Das Resultat: Tilkowski im Tor, Seeler im Sturmzentrum und als Rechtsaußen sollte nach Meinung der Deutschen Helmut Rahn spielen. Sagenhafte 5.015 Stimmen fielen auf den „Boss". Auch in den niederländischen Medien waren die Kritiken für Rahn in den letzten Wochen durchaus sehr wohlwollend und stets positiv. Auch sie wünschten sich, dass der „Boss" in die Nationalelf berufen werden sollte. Den Kritikern, die entgegneten, dass Rahn in Enschede bisher keine herausragenden Leistungen erbracht hatte, wurde mit auf den Weg gegeben, dass sie bei ihrer Kritik völlig übersehen würden, dass ein durchschnittliches Team wie der SC Enschede nicht das "richtige Umfeld" für Rahn sei. Selbst ein „mittelmäßiger" Rahn würde noch ganz alleine Spiele durch seine Extravaganz oder seine explosive Schüsse entscheiden. Beispiele gab es ja zur Genüge. Die Entscheidung über eine Nominierung würde schlussendlich Bundestrainer Sepp Herberger treffen müssen. Von Herberger wusste man aber immer, wie sehr er den spielfreudigen und unvorhersehbaren Flügelspieler Rahn schätzte - vor allem, da sich noch kein gleichwertiger Konkurrent aufgedrängt hatte.

Rahn selbst sagte in der Öffentlichkeit und damit sehr zur Freude der Mannschaftskollegen und Anhänger des SC Enschede zu den Nationalmannschaftsdiskussionen: „Der ganze Trubel um Chile, es ist viel wichtiger, dass wir mit Enschede vom letzten Tabellenplatz wegkommen." [sic][60]

Der SC Enschede konnte dem Ganzen nur Positives abgewinnen: Rahns außergewöhnliche Leistungen, seine Tore und auch die durchweg positive Berichterstattung. Auch sie lobten Rahn über den grünen Klee. Dabei kann wohl nicht leicht abgetan werden, dass man damit sicherlich auch versuchte, ihren teuren "Stern" mit so wenig Verlust wie möglich - nach dessen Vertragsende - zu verkaufen. Besonders nicht zum damaligen Zeitpunkt, wo doch bekannt geworden war, dass der "Boss" sich seit geraumer Zeit einem sehr ernsthaften Zusatztraining unterzog, bei dem er bereits sechs Pfund Körpergewicht verloren und Kondition aufgebaut hatte.

---

[59] Vgl. „Helmut Rahn. Mein Hobby: Tore schießen.", Deutsche Verlags-Anstalt, München, 2004, S. 215
[60] Vgl. Twentsche Courant, 8. Februar 1962

Erneute Wechselgerüchte

Zeitgleich, und das hatten auch die Verantwortlichen des SC Enschede sicher wahrgenommen, kamen in Deutschland erneut Wechselgerüchte um Helmut Rahn auf. Hatte Schalkes Trainer Georg „*Schorsch*" Gawliczek Kontakt zu Rahn in Enschede aufgenommen? Das *SPORT MAGAZIN* berichtete bereits am 10. Januar 1962 über dieses Gerücht. Gawliczek hatte Kontakt zu Rahn, aber nicht um Rahn von einem Wechsel nach Gelsenkirchen zu überzeugen. Beide, Rahn und Gawliczek, waren glühende Pferdesportliebhaber und trafen sich von Zeit zu Zeit auf den Trabrennbahnen Horst-Emscher und Dinslaken. Über Rahns Affinität zum Pferdesport kommen wir in einem späteren Kapitel nochmals zu sprechen.

Zurück zum Ligaalltag und zum Abstiegskampf des SC Enschede in der Spielzeit 1961/62: es zeigte sich bereits im nächsten Spiel erneut, dass die Mannschaft noch immer nicht eingespielt war und nicht miteinander harmonierte. Gegen Willem II unterlag man am 28. Januar 1962 mit 0:2. Da Rapid JC gewinnen konnte, belegte der SC Enschede abermals den letzten Tabellenplatz. Einen ganz wichtigen Sieg errang der SC Enschede am 11. Februar 1962 gegen MVV. Durch Tore von Luiten und Janssen nahm man beim 2:1 Sieg drei Punkte mit nach Enschede.

Rahn im Trikot des Sportclub Enschede

Quelle: „Kicker" – Ausgabe Nr. 7 vom 12. Februar 1962

Rahn beim Freistoß: oder „die Angst der Mauer vor Rahn Geschossen."

Quelle: „Kicker" - 12. Februar 1962

Rahn schoß, daß der Lack spritzte

Gegen NAC Breda verlor der Sportclub Enschede am 18. Februar 1962 mit 0:3 Toren. Viel schlimmer war, dass Rahn nach einer halben Stunde so schwer verletzt wurde, dass er nicht mehr weiterspielen konnte. Die folgenden Untersuchungen brachten die traurige Gewissheit: Fibulafraktur. Bis zu diesem Zeitpunkt war Rahn der dominierende Spieler auf dem Platz. Ulfert Schröder beschrieb die Spielsituation, die zum Foul führte, sowie die daraus resultierenden Folgen in der Neuauflage des Buches *„Helmut Rahn. Mein Hobby: Tore schießen"* im Nachwort *„Dem Chef sein Boss – eine Fortsetzung von Klaus Brinkbäumer"* auf Seite 215 wie folgt: *„Rahn hat den Ball, setzt zu einem seiner Slalom-Läufe an. Er umspielt den ersten, umspielt den zweiten, geht auch am dritten vorbei. Hätte er jetzt abgespielt, wahrscheinlich hätte der Rechtsaußen der deutschen Elf in Chile Rahn geheißen, wahrscheinlich hätte Deutschland den Eintritt ins Halbfinale geschafft, denn sicher hätte Rahn wie in der Schweiz und in Schweden den Jugoslawen ganz allein den Garaus gemacht. Aber Rahn spielte an diesem Sonntag nicht ab. Er will auch am vierten Mann vorbei, und der legt ihn um. Er bricht ihm ganz einfach, als sei dies die selbstverständlichste Sache der Welt, das Schienbein."* [sic]

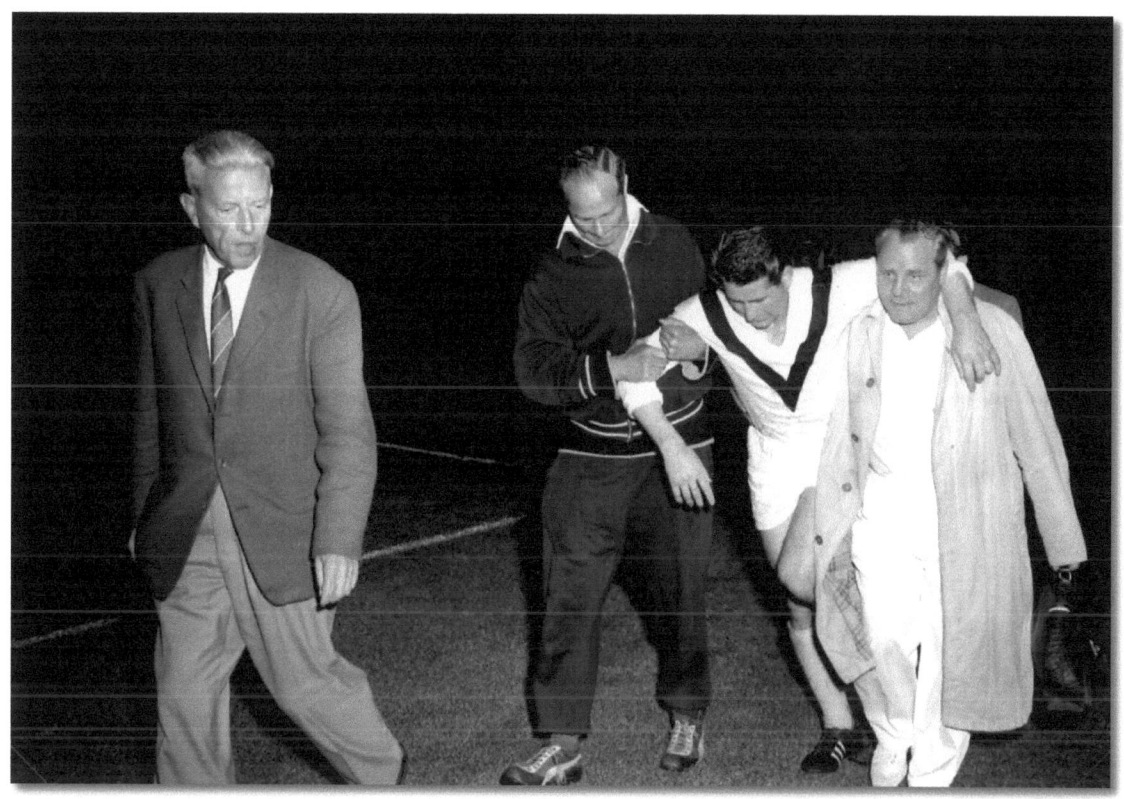

Helmut Rahn, gestützt von Trainer Fadrhonc (links), wird verletzt vom Platz geführt.

Foto: Archiv SC Enschede

Mit dieser gravierenden Verletzung war der Traum von seiner dritten Weltmeisterschaft endgültig ausgeträumt. Rahn zu seiner Verletzung nach dem Spiel: *„Ich war gerade dabei, wieder mein altes Gewicht zu erreichen. Meine Kondition war in den vergangenen Wochen schon erheblich besser geworden und mit der mir vorgeschriebenen [...] Diät schien sich für Chile alles noch zum Guten zu wenden. Aber wer rechnet denn mit sowas?"* Seine 40 Spiele und 21 Tore zählende Karriere in der Nationalmannschaft war endgültig beendet.[61]

Erst dreißig Minuten nach Rahns Ausscheiden konnte NAC gegen zehn tapfer kämpfende Enscheder das erste Tor erzielen. Zwei weitere Tore fielen kurz vor dem Spielende. Es schien so, als sei nach der schweren Verletzung von Rahn und der daraus resultierenden Niederlage ein *„Ruck"* durch die Mannschaft gegangen zu sein. „Jetzt erst recht!" Es sollte die letzte Niederlage für lange Zeit sein.

Im folgenden Heimspiel traf man auf Fortuna '54. Nur noch 4.000 Zuschauer fanden sich im Stadion Diekman ein. Das Spiel endete 1:1 und damit verließ der SC Enschede den letzten Tabellenplatz. Das gleiche Ergebnis erzielte man eine Woche später in Eindhoven gegen PSV. Damit hatte man nur noch einen Punkt Rückstand auf VVV. Und auf Venlo traf man dann am 11. März 1962 im Heimspiel des 24. Spieltags. Noch immer konnte Rahn nicht eingreifen, doch auch ohne ihn siegte der Sportclub mit 2:0 Toren und kletterte damit auf den 16. Tabellenplatz. Am 18. März traf man auswärts auf ADO Den Haag. Das 2:2 war ein mehr als verdienter Punktgewinn, auch wenn man erneut eine 2:0 Führung verspielte. Am 26. Spieltag war Tabellennachbar De Volewijckers Amsterdam zu Gast im mit 10.000 Zuschauern gut gefüllten Stadion Diekman. Sie mussten voller Schrecken

---

[61] *Vgl. Kicken beim Feind?, Ingo Schiweck, MaveriX, 2006, S. 35*

feststellen, wie die Gäste loslegten wie „die Feuerwehr". Bereits nach 20 Spielminuten lag der Sportclub Enschede mit 0:2 in Rückstand. Innerhalb von nur zwei Minuten konnten Janssen und Luiten jedoch ausgleichen. Einen kurzen Schreckmoment hatten die Anhänger des SC Enschede in der 59. Minute noch zu überstehen, denn da erhöhte Wout Schaft auf 2:3. In der Schlussphase des Spiels trafen jedoch abermals Luiten, Plageman und Bosveld für den Sportclub zum verdienten 5:3 Endstand.

Der Boss kann noch immer nicht aktiv eingreifen. Daumen drücken. Links im Bild: Henk Olijve.

Foto: Nijs, Jac. de / Anefo, Nationaal Archief / Fotocollectie Anefo

Am 4. April 1962 endlich das Comeback vom „Boss". Seine Verletzung vom 18. Februar gegen NAC Breda hatte er weitestgehend auskuriert, so dass einem Einsatz gegen Feyenoord Rotterdam nichts im Wege stand. Rahn war „heiß" und legte direkt mit sehenswerten Einzelaktionen und gefährlichen Distanzschüssen los. Zwar ging Feyenoord mit 0:1 in Führung, doch nur sieben Minuten später legte Rahn für Hoomans auf, der den Ball sicher in den gegnerischen Maschen versenkte. Drei Minuten später traf Rahn mit einem sehenswerten Treffer in die linke Torecke. Direkt nach Wiederanpfiff gelang Janssen der Führungstreffer zum 3:1. Dann der Schock: Rahn bekam den Ball im zentralen Mittelfeld zugespielt - er drehte sich und nahm Tempo auf. Auf dem Weg zum gegnerischen Tor ließ er vier Feyenoord Spieler ins Leere laufen. Dann stand er Cor Veldhoen gegenüber und dieser stoppte ihn unsanft mit einem Tritt vor das Knie. Der "Boss" war wieder verletzt.

Die Verletzung war so gravierend, dass er keinerlei Akzente mehr setzen konnte. Binnen neun Minuten erzielte der zur 2. Halbzeit eingewechselte Jan Hordijk zwei Treffer. Endstand: 3:3. Am 8. April reiste die Mannschaft ohne Helmut Rahn, der noch immer verletzungsbedingt fehlte, zu Rapid JC. 7.000 Zuschauer sahen, wie Enschedes Johan Plageman in der 31. Spielminute den 0:1 Siegtreffer für seinen Sportclub erzielte. Mit diesem Sieg verabschiedete man sich nun endgültig aus dem Abstiegskampf. Das folgende Heimspiel zwischen dem SC Enschede und Sparta Rotterdam endete 0:0. Am 30. Spieltag traf man in Utrecht auf DOS. Luiten, Janssen und Plageman erzielten bei dem 2:3 Sieg die Treffer für Enschede. Auch Blauw Wit Amsterdam lernte am 23. April 1962 die neue Spielstärke des Sportclub kennen. Sie wurden mit 2:1 besiegt. Am 6. Mai kam Rahn im Heimspiel gegen DWS Amsterdam mit bandagiertem Knie zurück. Nicht fit, aber er wollte spielen. Zwar ging Enschede in der 25. Spielminute mit 0:1 in Rückstand, doch ließ man sich nicht vom Weg abbringen. Nach schönem Zuspiel von Rahn erzielte Janssen in der 43. Minute den Ausgleichstreffer zum 1:1. Nach Wiederanpfiff gelang Plageman ein Doppelpack. Den Treffer zum 4:1 für Enschede erzielte Arend van der Wel. Kurz vor dem Abpfiff war es wieder Janssen. Rahn setzte in der 89. Minute den Schlusspunkt zum 6:1 Sieg. Trotz „Handicap" war Rahn an vier Treffern seiner Mannschaft beteiligt. Damit sprang der Sportclub auf den zwölften Tabellenplatz. Am vorletzten Spieltag reiste man erneut ohne Rahn nach Groningen. Gegen GVAV ging man schnell durch Bosveld in Führung, doch konnten die Groninger in der zweiten Halbzeit zum 1:1 Endstand ausgleichen. Auch im letzten Saisonspiel am 20. Mai 1962 fehlte Rahn. Er wurde Zeuge wie seine Mannschaft eine 1:6 Heimniederlage gegen MVV Maastricht hinnehmen musste. Am Saisonende belegte die Mannschaft des Sportclub Enschede den 13. Tabellenplatz.

Statistiken – Saison 1961/62

Tabellenstand - K.N.V.B. Eredivisie 1961/62

1.	Feyenoord	34	50	88:35
2.	PSV	34	49	85:43
3.	Blauw Wit	34	41	71:54
4.	Ajax	34	39	80:59
5.	NAC	34	38	60:49
6.	MVV	34	36	55:46
7.	Volendam	34	34	69:76
8.	Willem II	34	33	63:52
9.	Sparta	34	33	46:50
10.	DOS	34	32	61:62
11.	De Volewijckers	34	32	68:87
12.	Fortuna `54	34	31	57:61
13.	**SC Enschede**	**34**	**30**	**55:69**
14.	GVAV	34	30	48:61
15.	ADO	34	29	58:69
16.	DWS/A.	34	28	38:63
17.	VVV	34	27	38:62
18.	Rapid JC	34	20	35:77

[62]

Rahn war auch in dieser Saison bester Torschütze seiner Mannschaft. In nur 21 Spielen erzielte er zwölf Treffer.

---

[62] *Vgl. Sportclub Enschede Jubileumboek, 1910-1985, S. 181*

Besucherzahlen Heimspiele SC Enschede, Diekman Stadion

Spielzeit 1961/62: 119.094[63] (exklusive Vereinsmitglieder und Dauerkarteninhaber)

Einsätze von Helmut Rahn in der Spielzeit 1961/62: 21[64]

Erzielte Tore von Helmut Rahn in der Spielzeit 1961/62: 12

Neuzugänge

Trainer František Fadrhonc, mit dem der Sportclub 1958 die Vizemeisterschaft erringen konnte, wechselte nach der Saison zu Go Ahead Deventer. Später, im Jahr 1970, wurde Fadrhonc dann holländischer Bondscoach. Sein Nachfolger beim Sportclub Enschede wurde am 1. Juni 1962 der Österreicher Friedrich Donenfeld. Als weitere Neuzugänge wurden der Ungar Gyula Nemes, Nationaltorwart Piet Lagarde, Ben Zweers und Issy ten Donkelaar verpflichtet und im Kreise der Mannschaft begrüßt. Mannschaftskapitän für die neue Spielzeit wurde Helmut Rahn.

Vorbereitungsspiele

Am 8. August 1962 traf man in einem freundschaftlichen Aufeinandertreffen auf die Mannschaft von Rot-Weiss Oberhausen. Neben Piet Lagarde, Gyula Nemes und Ben Zweers stand ein deutlich austrainierter Rahn zum ersten Mal als Kapitän an vorderster Front auf dem Feld. Das Spiel vor 10.000 Zuschauern zeigte einen spielerisch komplett veränderten SC Enschede. Flüssiges, schnelles Kombinationsspiel und schnelle Abschlüsse. Bereits in der ersten Minute passte Rahn den Ball sauber durch die Mitte zu Bosveld, der sich von Helmut Laszig löste und einschoss. Rahn selbst schoss wie üblich aus allen Lagen. Kurz nach dem Treffer von Bosveld setzte der Spielführer einen Distanzschuss ab, welcher nur knapp sein Ziel verfehlte. Kurze Zeit später traf „Boss" Rahn auf vertraute Weise per Freistoß. Trotz blitzschneller Reaktion von Oberhausens Torhüter Helmut Traska schlug der Ball mit voller Wucht im Tor ein. Kategorie unhaltbar. Zweers erzielte das dritte Tor für den Sportclub. Ein Traumtor. Das Spiel wurde nun zusehends härter, doch ließen die Enscheder keinerlei Zweifel an ihrer Klasse. Routiniert erspielten sie sich einen völlig verdienten 3:1 Sieg. Die Neueinkäufe fügten sich von Beginn an hervorragend in die Mannschaft ein.

Aufstellung: Lagarde, Van der Wel (46. Minute Ter Beek), Kalter, Hoomans, Weustink, Nijhuis, Rahn, Nemes, Zweers, Bosveld, Janssen.

Nur zwei Tage später traf man in einem weiteren Testspiel auf Kickers Offenbach. 15.000 Zuschauer wurden Zeuge einer weiteren großartigen Leistung ihrer Enscheder Mannschaft. Rahn, wie schon im Spiel gegen Oberhausen sehr spielfreudig, wirbelte die Offenbacher Hintermannschaft kräftig durcheinander. Nur mit größter Mühe konnte Offenbachs Schlussmann seine Schüsse abwehren. In einer Situation musste Schultheiss den Ball von der Linie "kratzen". Dennoch war es Rahn, der den Führungstreffer erzielen konnte. In einem sehenswerten Spiel trennte man sich 2:2. Am 19. August fand das zwischen dem SC Enschede und DHC Delft vereinbarte Abschiedsspiel für Piet Lagarde

---

[63] *Vgl. Sportclub Enschede Jubileumboek, 1910-1985, S. 193*
[64] *Vgl. Sportclub Enschede Jubileumboek, 1910-1985, S. 166*

statt. In einem solchen Spiel ist das Ergebnis immer zweitrangig. Der Spaß stand im Vordergrund. Nach dem ersten offiziellen Meisterschaftsspiel gegen Feyenoord traf man am 5. September 1962 in einem weiteren Testspiel auf Borussia Mönchengladbach. Die Deutschen lagen bereits mit 4:0 - durch Tore von Laumen, Mühlhausen und zwei Treffern von Fendel in Führung - ehe Zweers, Janssen und Rahn auf 4:3 verkürzten. Die Aufholjagd kam aber zu spät. Kohn konnte nach einem clever gespielten Konter der Gladbacher auf 5:3 erhöhen und setzte damit den Schlusspunkt der Partie.[65]

Saison 1962/63

Bei der Saisoneröffnung am 26. August 1962 gegen Feyenoord Rotterdam unterlag der Sportclub Enschede vor 28.000 Zuschauern zwar mit 1:2 Toren, doch sahen sie eine äußerst ansprechende Leistung der Mannschaft von Trainer Donenfeld. Das Tor für den SC Enschede erzielte Zweers.

26. August 1962 - Heimspiel gegen Feyenoord.

Erstmalig führte Helmut Rahn seine Mannschaft als Kapitän auf das Spielfeld.

Von links: Helmut Rahn, Piet Lagarde, Arend van der Wel, Theo Kalter, Joop Janssen, Job Hoomans, Gyula Nemes, Joke Weustink, Dais ter Beek, Bennie Zweers und Henk "Charlie" Bosveld.

Foto: Archiv SC Enschede

---

[65] *Vgl. Sportclub Enschede Jubileumboek, 1910-1985, S. 174*

In der Folgewoche spielte man gegen Blauw Wit in Amsterdam und konnte mit dem hervorragend aufspielenden Rahn einen 1:7 Sieg erringen. In diesem Spiel wurde der „*Wasserträger*" für den „*Boss*" gefunden. Gyula Nemes hielt Rahn den Rücken frei, und ackerte für die Mannschaft. Somit wurde Rahn noch gefährlicher. Rahn selbst steuerte drei Treffer bei. Er erzielte die Treffer zum 1:2, 1:6 und 1:7. Am dritten Spieltag traf man auch die Mannschaft von De Volewijckers. Es fanden sich nur noch 6.500 Zuschauer im Stadion ein. Der SC Enschede siegte auch ohne Rahn mit 4:0.

Saison 1962/63

Stehend von links: Gyula Nemes, Job Hoomans, Piet Lagarde, Arend v.d. Wel, Helmut Rahn, Joop Janssen.

Kniend von links: Bennie Zweers, Theo Kalter, Dais ter Beek, Joke Weustink, Henk „Charlie" Bosveld.

Foto: Archiv SC Enschede

Am 4. Spieltag unterlag man zwar mit 2:1 Toren gegen DOS Utrecht, doch durch den überlegenen 5:2 Sieg gegen Willem II in der Folgewoche konnte man sich in der Tabelle auf Platz vier setzen. Kapitän Rahn war mit zwei Treffern erfolgreich. Das 1:0 und 5:2 gingen auf sein Konto. Auch Zweers traf wieder und entwickelte sich zum Top-Scorer seiner Mannschaft. Am 6. Spieltag traf man am 30. September 1962 im Philips Stadion in Eindhoven vor 15.000 Zuschauern auf PSV. Es zeigte sich, dass man in dieser Saison auch knappe Spiele, die man in den beiden Spielzeiten zuvor noch verloren hatte, gewinnen und für sich entscheiden konnte. Zwar ging PSV mit 1:0 in Führung, doch Enschede spielte konzentriert weiter und konnte durch Bosveld ausgleichen. Kurz vor der Pause erhöhte Eindhoven auf 2:1. Direkt nach der Pause war es, natürlich, Ben Zweers, der ausgleichen konnte. Drei Minuten vor Spielende erzielte Rahn den 2:3 Siegtreffer für Enschede. Durch diesen Sieg kletterte Enschede auf den zweiten Tabellenplatz.

Spielplakat SC Enschede II (2. Mannschaft)

Quelle: Archiv Moser

Auch gegen Fortuna '54 konnte man den äußerst positiven Trend fortsetzen, zumal Rahn Fortuna '54 zu liegen schien, denn er traf erneut. Am 7. Spieltag, am 7. Oktober 1962, erzielte er beim Heimspiel den 1:0 Führungstreffer. Den 2:0 Endstand erzielte Zweers. Nun hatte man nur noch einen Punkt Rückstand auf Spitzenreiter Sparta Rotterdam – bei besserer Tordifferenz. Der SC Enschede war eine „Tormaschine". Rahn wurde von einer Spirituosenfirma als *Eredivisie-Torjäger der Woche* mit einigen Flaschen *„Hochprozentigem"* ausgezeichnet. Die Flaschen verteilte er in der Mannschaft.[66]

---

[66] *Vgl. Kicken beim Feind?, Ingo Schiweck, MaveriX, 2006, S. 36*

59

Voller Einsatz

SC Enschede – Fortuna 54 (Geleen) 2:0.

Duell zwischen Helmut Rahn und Harry Custers.

Im Hintergrund: Gyula Nemes.

7. Oktober 1962

Foto: Archiv SC Enschede

Am 21. Oktober 1962 unterlag man am 8. Spieltag der Mannschaft von Heracles Almelo mit 3:2 Toren. Rahn erzielte im *Sportpark an der Bornsestraat* den 3:2 Anschlusstreffer. Mit diesem Ergebnis rutschte man auf Platz drei der Tabelle.

Heracles gegen Enschede 3:2.

Rahn im Duell mit Torhüter Van de Wint von Heracles, Donners zwischen den Hauptakteuren. - 21. Oktober 1962

Foto: Pot, Harry / Anefo, Nationaal Archief / Fotocollectie Anefo

Nach einer empfindlichen 0:6 Heimniederlage gegen Ajax Amsterdam am 28. Oktober 1962 fiel der SC Enschede auf Rang fünf in der Tabelle ab.

Nachstehendes Foto: Schiedsrichter Joop Martens hatte soeben eine Verwarnung wegen Zeitspiels gegen Ajax Torwart Bertus Hoogerman und Joop Janssen wegen Protestierens verhängt. Die beiden Kapitäne - Rahn auf Enscheder Seite - wurden davon in Kenntnis gesetzt. Rahn reagierte ziemlich erregt und gab dem Schiedsrichter noch ein paar Worte mit auf den Weg, worauf Martens gestikulierte und zum "*Boss*" sagte: *"Noch einmal und du kannst duschen gehen".*

SC Enschede gegen Ajax Amsterdam 0:6.

Joop Martens zum "Boss": "Noch einmal und du kannst duschen gehen". - 28. Oktober 1962

Foto: Archiv SC Enschede

Auch der FC Volendam schien Rahn zu liegen. Erneut erzielte der „*Boss*" beim 1:3 Auswärtssieg im Kras Stadion am 10. Spieltag einen Treffer.

Am 11. und 12. Spieltag konnte der SC Enschede eine kleine Siegesserie feiern. Im Heimspiel gegen ADO und auswärts gegen NAC konnte man jeweils mit 1:0 gewinnen. Torschütze in beiden Spielern war Janssen.

Gegen GVAV erkämpfte man sich am 2. Dezember 1962 ein 2:2 und nahm damit wieder den vierten Tabellenplatz ein.

Bondscoach Elek Schwartz im Gespräch mit Helmut Rahn

Foto: Archiv SC Enschede

Israelreise

Eine großartige Reise des Sportclub Enschede kann und darf nicht unerwähnt bleiben. Die erste Mannschaft des SC Enschede reiste vom 10. bis zum 19. Dezember 1962 mit einer 27-köpfigen Delegation nach Israel, um dort zwei Spiele zu bestreiten.

Der SC Enschede reiste nach Israel – 10. Dezember 1962

Foto: Archiv SC Enschede

Im ersten Freundschaftsspiel am 12. Dezember 1962 spielte man gegen Hapoel Tel Aviv. Beim Betreten des Rasens im neuen Stadion trugen die Enschede Spieler die israelische Flagge auf das Spielfeld. Das Spiel endete 1:1 unentschieden. Helmut Rahn erzielte das Tor für den Sportclub. Mit diesem Spiel wurde das neue Bloomfield Stadion mit dem ersten internationalen Vergleich offiziell in Betrieb genommen. Das Einweihungsspiel fand zwei Monate zuvor, am 12. Oktober 1962, zwischen Hapoel Tel Aviv und Shimshon Tel Aviv statt. Das Stadion wurde nach den beiden Brüdern Bernard und Louis Bloomfield benannt.

Kapitän Rahn und Arend van der Wel (beide vorne) tragen die Flagge Israels.

Foto: Archiv SC Enschede

Achtung!   Achtung!

ENSCHEDE

Enschede, die erste holländische Mannschaft, auf Besuch in Israel.

Mit Helmut Rahn, dem holländischen *„Torkönig"*.

Anfang der internationalen Fußballmeisterschaft.

12. Dezember 1962. Im Histadrut-Stadion, gestiftet von den Bloomfield Brüdern in Jaffa.

<u>Versäumen Sie diesen Auftritt von Enschede nicht!</u>

Ankündigungsplakat Sportclub Enschede

Kapitän Rahn bei der Wimpelübergabe vor dem Spiel.

Foto: Archiv SC Enschede

Den Morgen des 17. Dezember 1962 hatten die Spieler des SC Enschede zur freien Verfügung. Man entschied sich für einen Bummel und Einkäufe in der sehr modernen Stadt Tel Aviv. Nach dem Mittagessen fand gegen drei Uhr nachmittags eine leichte Trainingseinheit statt, da am selben Abend ein Match gegen Haifa ausgetragen werden sollte, doch dieses Spiel wurde wegen des anhaltenden starken Regens abgesagt. Stattdessen wollte man gegen eine Kombination aus Spielern von Maccabi Haifa und Hapoel Haifa spielen. Auch dieses Spiel wurde abgesagt, obwohl beide Teams sich schon bereits umgezogen hatten. Der Grund dafür war einzigartig: die Clubmitglieder von Maccabi und Hapoel konnten sich nicht auf einen Kapitän einigen. Aus welchem Verein sollte dieser Spieler kommen? Maccabi sagte: "*Aus unserem Verein, weil wir sechs Spieler haben und Hapoel nur fünf.*" Hapoel hingegen sagte: "*Die Qualität der von uns gelieferten Spieler ist viel besser. Deshalb glauben wir, dass die vom besten Verein gelieferten Spieler einen Bewerber aus ihrer Mitte auswählen sollten.*" Nachdem man zwei Stunden [sic] lang über dieses Problem gestritten hatte, beschloss der Schiedsrichter, das Spiel zu verschieben. Er war es schlichtweg leid dem Treiben weiter hilflos ausgesetzt zu sein und sah es nicht ein, noch länger warten zu müssen. Nicht nur die Spieler waren enttäuscht. Auch die Zuschauer im Stadion, die stundenlang dem anhaltenden Regen ausgesetzt waren, durften sich nun wieder auf dem Heimweg machen.

Am nächsten Tag ging es für die Enscheder Kicker weiter nach Haifa. Die Stadt, die laut Rahns Schilderungen an einer wunderschönen blauen Bucht liegt und die bei Sonnenuntergang besonders schön und oft märchenhaft wirkt. Am Abend wurde dann das Match gegen Hapoel Haifa gespielt. Der Sportclub Enschede gewann mit 5:1. Dieser Sieg kam durch die sehr gut miteinander agierenden und harmonisierenden Spieler Henk „*Charlie*" Bosveld und Bennie Wiggers, Helmut Rahn und Joop Janssen zustande. Bosveld erzielte drei Tore, während die anderen beiden Treffer von Joop Janssen und Helmut Rahn erzielt wurden.

Nach dem Spiel fand zusammen mit den Vertretern des israelischen Fußballverbandes ein großes Bankett statt. Kapitän Helmut Rahn war einer der vielen Redner, der mit großer Aufmerksamkeit und Applaus bedacht wurde.[67] Der Sportclub Enschede hatte als Gastgeschenk ein Kamel, welches sich bei der Ankunft in den Niederlanden als Dromedar herausstellte, von seiner Reise mitgebracht. Das Tier wurde Toto genannt und wurde einige Wochen nach der Israel-Reise mit einem Frachtflugzeug nach Enschede transportiert. Toto sollte bei den Heimspielen im Diekman Stadion als Maskottchen anwesend sein. Das tierische Maskottchen war auf der Schlackenbahn des Diekman Stadions aber äußerst selten zu sehen.[68] Ob es am Klima lag?

Nicht nur, aber gerade für Helmut Rahn war es eine ganz besondere Reise, denn damit war er der erste deutsche Sportler, der nach dem Krieg nach Israel reiste. In der Januar Ausgabe der Sportclub Nieuws sagte der „*Boss*": „*Ich kann doch sagen, dass ich im Laufe der Jahre eine Menge schöner Auslandsreisen mit der Nationalmannschaft, dem 1. FC Köln und Rot-Weiss Essen erlebt habe, aber eine Reise wie diese habe ich noch nie erlebt*".

[67] Vgl. Sportclub Nieuws, Sportclubs Trip naar Israel, 1963
[68] Vgl. Sportclub Enschede Jubileumboek, 1910-1985, S. 173

Das Dromedar Toto wird entladen.

Piet Bakkenes, Henk Olijve und auch Friedrich Donenfeld schauen zu.

Quelle: Sportclub Enschede 1910 – 2010 Jubileumboek

„Zwangspause"

Nach der Rückkehr aus Israel fand man ein schneebedecktes Land vor. Am 23. Dezember 1962 konnte der SC Enschede gegen den Tabellendritten Sparta Rotterdam mit 3:1 Toren gewinnen. Rahn verletzte sich in diesem Spiel, hielt aber bis zum Schlusspfiff durch. Mit diesem Sieg sicherten sich die Enscheder den zweiten Tabellenplatz.

Im Spiel gegen MVV, nur drei Tage später, trennte man sich 1:1 unentschieden. Doch dann ging es aufgrund der extremen winterlichen Verhältnisse in eine bis März andauernde Zwangsspielpause. Diese Pause wusste Helmut Rahn aber für sich zu nutzen: Er verbrachte diese Zeit teilweise im Gefängnis. Die Vergangenheit hatte ihn eingeholt.

Quelle: Bild – 17. Januar 1963

Rahn hatte am Morgen des 16. Januar 1963 wie üblich seinen Sohn in die Buterlandschule nach Gronau gebracht. Auf dem Rückweg stoppten ihn deutsche Beamte an der Grenze zu Glanerbrug, weil sein Name im Fahndungsnachweis stand. Er wurde daraufhin in das Gerichtsgefängnis nach Gronau gebracht, um dort seine im März 1962 verhängte Haft von vier Wochen anzutreten. Rahn wusste worum es ging. Bei der Festnahme sagte er zu den Grenzbeamten: *„Ich weiß, es handelt sich um diese Sache aus Essen. Na ja, einmal muss es ja doch sein.“* [sic]

Die Bild titelte: *„Der Boss muss brummen.“* und *„4 Wochen muss Rahn „sitzen.“* [sic]

Hintergrund: Am 7. März 1962 wurde Rahn vom Schöffengericht Essen wegen Trunkenheit am Steuer zu vier Wochen Haft und einer Zahlung von 300 Deutschen Mark verurteilt. Die damalige Rechtsunsicherheit in Verfahren gegen Promillesünder führte aber zunächst zur Aussetzung der Urteilsvollstreckung, so die Bild in ihrem Artikel am 17. Januar 1963. Eine Aufforderung des Gerichts, die Strafe anzutreten, beantwortete Rahn mit der Bitte um Aufschub bis zur Fußball-Sommerpause im Juli 1963. Die Staatsanwaltschaft Essen gab im Interview mit dem Blatt zu Protokoll: *„Rahn befolgte die Aufforderung zum Strafantritt nicht. Daraufhin erließen wir Haftvollstreckungsbefehl. Das ist der normale Verfahrensweg.“*

Äußerst angespannt reagierte hingegen Enschedes Henk Olijve auf die Situation: *„Rahn ist unser bester Spieler. Wir stehen mit nur einem Punkt Rückstand an zweiter Stelle in der Tabelle. Was sollen wir ohne ihn anfangen? Wir haben seit drei Wochen nicht mehr gespielt. Hoffentlich fallen jetzt noch mehr Spiele aus.“* [69] Man hoffte, dass Rahn in Gronau im Gefängnis sitzend, *„Urlaub bis zum Schlusspfiff“* bekommen und sonntags für den Sportclub Enschede auflaufen könnte. Dies war aber nicht erforderlich, denn aufgrund guter Führung wurde die Haftstrafe verkürzt, so dass Rahn bereits wieder zu diversen anstehenden Freundschaftsspielen auflaufen und mitwirken konnte. Durch Verkürzung der Haftstrafe und Rahns vorzeitiger Rückkehr in den Mannschaftskader entstand auch keinerlei Schaden für den Verein.

Grenzübergang Glanerbrug

Foto: Renate Werger

---

[69] *Vgl. BILD, 17. Januar 1963*

Hintergrundgeschichte zu dem Foto der vorherigen Seite: Frau Renate Werger war am Tag der Entlassung Rahns aus dem Gronauer Gefängnis im Haus anwesend. Vor dem Haupteingang hatte sich eine große Anzahl von Reportern und Fotografen versammelt, um den Moment der Entlassung aus dem Gefängnis festzuhalten. Rahn fragte Renate Werger: *"Gibt es denn hier keinen Hinterausgang?"* Sie nickte und führte den *"Boss"* unerkannt aus dem Gebäude. Rahn versprach ihr zum Dank, dass sie später ein Foto machen dürfe, welches ihn beim Grenzübertritt zeigt.[70]

Rahn blieb sich treu

Heimweh, alte „*Rituale*", Verständigungsprobleme und mangelnde Ablenkung waren sicherlich auch Gründe, die Rahn in grenznahe deutsche Gaststätten zog. Von Zeit zu Zeit, wenn ihm danach war, „*drehte er dort seine Runden*". Aber auch dies war nicht wirklich vereinsschädigend, denn der „*Boss*" brachte auf dem Platz seine Leistungen.

Der ehemalige Mannschaftskollege Arend van der Wel gab rückblickend in einem Interview zu Protokoll:

„Man hat in Enschede immer gesagt: Er soll machen, was er will, Hauptsache, er bringt auf dem Platz seine volle Leistung. Für seine Sauftouren hatte er seine Freunde in Glanerbrug, die ihn auf Händen getragen haben. Nur ausnahmsweise ist es mal schiefgegangen. Da kam unser Trainer Friedrich Donenfeld abends um halb elf zu mir mit den Worten: „Der Helmut ist wieder nicht da, wir müssen ihn suchen." Helmut wohnte damals in der gleichen Straße wie der Trainer; da stand er ein bisschen unter Beobachtung. Ich wusste vorher nicht, dass es so viele Kneipen an der Grenze gibt. Wir sind dann von einer zur nächsten Kneipe geschickt worden. Überall war Helmut zuvor gewesen, aber schon wieder weitergezogen. Im Endeffekt hatten wir ihn dann natürlich gefunden. Einmal war er Sonntags zur Abfahrt vor einem Spiel gegen De Volewijckers nicht da. Der Trainer hat ihn dann abgeholt. Helmut hatte am Abend zuvor tüchtig gebechert. Trotzdem wurde er aufgestellt - wir haben es dem Trainer übel genommen, dass er ihn in der Verfassung nicht zu Hause gelassen hat. Aber nochmal: Helmut Rahn hat in den allermeisten Fällen seine Leistung gebracht." [71]

Bedingt durch Spielausfälle, wurden einige Freundschaftsspiele organisiert, um weiter Spielpraxis zu haben. Wie zuvor erwähnt, stieß Rahn nach seiner abgesessenen Haftstrafe pünktlich zum Kader. Gegen die Enscheder Amateure vom VV Rigtersbleek siegte der Sportclub mit 9:0 Toren. Im Spiel gegen Oldenzaal ging der Sportclub nach Zuspiel von Rahn auf Wiggers und Visser schnell mit 2:0 in Führung. Endstand 9:2 für den SC Enschede. In den beiden folgenden Spielen gegen eine Niederländische Militärmannschaft und Go Ahead wirkte Rahn nicht mit. Dennoch siegte der Sportclub jeweils mit 2:1 Toren.

---

[70] *Interview mit Herrn Hans Werner Bartsch, Januar 2020*
[71] *Vgl. Kicken beim Feind?, Ingo Schiweck, MaveriX, 2006, S. 37 - 38*

HELMUT RAHN — S. C. ENSCHEDE
draagt ook een „DELBANA" horloge

Autogrammkarte Helmut Rahn

Quelle: Archiv Moser

Zum ersten Meisterschaftsspiel nach der winterlichen Zwangspause kam es am 17. März 1963 zwischen Feyenoord Rotterdam und dem Sportclub Enschede. Der Sportclub begann furios und hätte bereits in der 23. Spielminute durch Helmut Rahn in Führung gehen können. Der Endstand nach Toren von Kreijermaat für Rotterdam und Bosveld für Enschede lautete 1:1. Am 17. Spieltag traf man auf Blauw Wit Amsterdam. Die einzigen Chancen für Enschede ergaben sich aus zwei Eckbällen von Rahn in den letzten fünfzehn Minuten des Spiels. Beide Male rettete den Gegner das Aluminium. Enschede verlor das Spiel mit 0:1 durch den frühen Treffer von Dekker. Am 7. April traf man auswärts auf die Mannschaft von De Volewijckers. Der Gastgeber konnte in der 20. Spielminute durch Boogaard in Führung gehen, doch war es „Boss" Rahn, der in der 33. Minute ausgleichen konnte. Nach einem Handspiel von Soetekouw entschied der Schiedsrichter auf Freistoß, den Rahn voller Wucht in die Maschen setzte. Nach der Halbzeit spitzelte Rahn seinem Gegenspieler den Ball vom

Fuß und bediente mustergültig seinen Mitspieler Zweers, der auch den Treffer zum 1:3 erzielen konnte. Den Schlusspunkt zum 1:4 Endstand setzte Bosveld. Am 19. Spieltag traf man im eigenen Stadion auf DOS Utrecht. In der siebzehnten Spielminute entschied der Schiedsrichter auf Freistoß für den SC Enschede. Eine Sache für den "Boss". Er lief an und trat den Ball Vollspann. Das Geschoss nahm seine Flugbahn ein und traf seinen Mitspieler Bosveld am Kopf. Der Ball prallte von ihm ab und flog Richtung DOS Tor. Utrecht Keeper Van Zoghel konnte den abgefälschten Ball nicht festhalten, Bosveld rappelte sich noch sichtlich benommen auf und vollendete zum 1:0. Welch ein kurioses Tor. Welch eine fantastische Leistung von Bosveld. Den verdienten 2:0 Endstand erzielte Rahn. Am 21. April 1963 reiste die Mannschaft nach Tilburg. Wer meinte, dass der SC Enschede die Punkte beim Vorletzten in der Tabelle Willem II „im Vorbeigehen" mitnehmen würde, der irrte. Das Spiel entwickelte sich zu einem Krimi, mit einem großartig aufspielenden Rahn, der auch das 0:1 in der 12. Minute erzielen konnte. Nach dem Ausgleich mussten die Enscheder alle Anstrengungen unternehmen, um die „Flutwelle Willem II" zu stoppen. Die Tilburger machten mächtig Druck. Helmut Rahn war auf dem ganzen Spielfeld unterwegs, holte sich die Bälle in der eigenen Hälfte, verteilte sie und schloss selber - wann immer möglich - ab. Durch Tore von Bosveld und Zweers konnte man dieses schwere Auswärtsspiel mit 2:3 für sich entscheiden. Ein ganz wichtiger Sieg. Am 21. Spieltag war PSV Eindhoven zu Gast im Diekman. Zwar konnte der SC Enschede in der 15. Spielminute durch Rahn in Führung gehen, doch durch Tore von Maassen in der 50. und dem Tor durch Brusselers, das mit dem Schlusspfiff fiel, verlor man im direkten Duell im Kampf um die Tabellenspitze. Eindhoven stand nun mit einem Punkt Vorsprung vor Enschede auf dem dritten Tabellenplatz. Im Spiel gegen Fortuna ´54 im Mauritsstadion konnte man durch Tore von Plageman und Bosveld ein 2:2 sichern. Da PSV Eindhoven eine empfindliche 2:5 Heimniederlage gegen Blauw Wit Amsterdam hinnehmen musste, schob sich der SC Enschede in der Tabelle an PSV vorbei auf Platz drei. Bei Punktgleichheit hatte der Sportclub das bessere Torverhältnis. Das folgende Heimspiel gegen Heracles endete torlos. PSV und DOS punkteten ebenfalls an diesem Spieltag, so dass Enschede auf den vierten Tabellenplatz abrutschte. Am 24. Spieltag unterlag man dann Ajax Amsterdam mit 0:2. Daraus resultierend rutschte man auf den fünften Tabellenplatz. Dieses Meisterschaftsspiel am 19. Mai 1963 war das letzte Meisterschaftsspiel für den „Boss". Im Heimspiel am 23. Mai 1963 gegen Volendam stand Rahn schon nicht mehr im Aufgebot. Man trennte sich 1:1. Auch beim 2:2 gegen ADO in Den Haag, beim 1:1 gegen NAC Breda, dem 3:3 gegen GVAV, der 0:1 Niederlage gegen MVV und am letzten Spieltag bei der 2:4 Niederlage gegen Sparta Rotterdam, stand Rahn nicht mehr auf dem Platz.

Was war passiert? Berichten zufolge wurde eine Strafe gegen den "Boss" ausgesprochen, weil er unentschuldigt an einigen Trainingseinheiten nicht teilgenommen hatte. Fernerhin wurde angenommen, dass die Ursache für das Fernbleiben vom Training ein Dissens zwischen Rahn und einem Mitglied des Profifußballkomitees des SC Enschede war, der Helmut Rahns Spielweise und Haltung offen kritisierte. Es war schon zu diesem Zeitpunkt absehbar, dass Rahn die Option seines sich jeweils um ein Jahr automatisch verlängernden Folgevertrag nicht ziehen würde.

Trotz aller Diskussionen um die Person Helmut Rahn muss festgehalten werden, dass der Sportclub Enschede in der Saison 1962/63 den Anforderungen und den selbst gesteckten Zielen vollends gerecht geworden ist. Mit einem sicheren fünften Tabellenplatz und nur sechs Punkten Rückstand auf den dritten Tabellenplatz zeigten sich die Verantwortlichen und die Fans des Vereins versöhnlich. Helmut Rahn erzielte in seiner letzten Saison für den SC Enschede in 21 Spielen dreizehn Saisontore.

Statistiken – Saison 1962/63

Tabellenstand - K.N.V.B. Eredivisie 1962/63

1.	PSV	30	42	67:38
2.	Ajax	30	39	73:41
3.	Sparta	30	39	60:38
4.	Feyenoord	30	37	58:40
5.	**SC Enschede**	**30**	**33**	**58:46**
6.	NAC	30	32	51:48
7.	DOS	30	32	37:44
8.	GVAV	30	30	52:47
9.	MVV	30	29	45:49
10.	ADO	30	28	41:36
11.	Blauw Wit	30	28	48:56
12.	Fortuna `54	30	28	44:54
13.	Volendam	30	27	50:53
14.	Heracles	30	26	54:62
15.	Willem II	30	22	53:68
16.	De Volewijckers	30	8	31:102

[72] [73]

Besucherzahlen Heimspiele SC Enschede, Diekman Stadion

Spielzeit 1962/63: 153.978[74] (exklusive Vereinsmitglieder und Dauerkarteninhaber)

Einsätze von Helmut Rahn in der Spielzeit 1962/63: 21[75]

Erzielte Tore von Helmut Rahn in der Spielzeit 1962/63: 13

3. International Football Cup 1963/64

In vielen Ländern hieß er "International Football Cup", auf der Trophäe selbst stand "Internationale Fußballmeisterschaft". Im deutschsprachigen Raum wurde er schlicht *Rappan-Pokal* genannt. Ideengeber war Karl Rappan, der den Vereinen, welche weder als Landesmeister für den "Europapokal der Landesmeister" oder als Pokalsieger für den "Europapokal der Pokalsieger" qualifiziert waren, noch aus einer Stadt mit Handelsmessen kamen und daher auch nicht im "Messepokal" starten konnten, die Möglichkeit zu geben, international spielen zu können. Durch die zunehmende Öffnung des „Messepokals" wurde der International Football Cup aber unweigerlich ins vierte Glied gedrängt und daher bereits nach nur sechs Auflagen eingestellt. Jedoch einigte man sich, kleineren Teams im neuen Intertoto-Cup weiterhin eine Möglichkeit zu geben, international zu spielen und damit auch dafür zu sorgen, dass man auch in der Sommerpause Spiele für die nationalen Fußball-Toto-Ausspielungen hat. "Intertoto Cup".

In der Gruppe B3 traf der SC Enschede in der ersten Runde am 23. Juni 1963 auf den Wiener A.C. Helmut Rahn stand nicht im Aufgebot. Das Heimspiel ging mit 0:1 durch den Treffer von Fritz Cejka in

---

[72] Vgl. *Sportclub Enschede Jubileumboek, 1910-1985, S. 181*

[73] Vgl. *https://eredivisie.nl/*

[74] Vgl. *Sportclub Enschede Jubileumboek, 1910-1985, S. 193*

[75] Vgl. *Sportclub Enschede Jubileumboek, 1910-1985, S. 166*

der 9. Minute verloren. Am 30. Juni 1963 reiste man zum Auswärtsspiel nach Göteborg. Gegen Oergryte Göteborg unterlag man mit 2:0 Toren. Gegen F.K. Pirmasens konnte man am 7. Juli 1963 im Heimspiel den ersten Sieg einfahren. Der SC Enschede setzte sich mit 2:1 durch. In der Folgewoche reiste die Mannschaft dann zum Auswärtsspiel nach Deutschland. Ohne Tore, ohne Punkte reiste man nach einer empfindlichen 8:0 Niederlage zurück nach Enschede. Am 21. Juli 1963 war es dann soweit: Helmut Rahn durfte noch einmal das traditionsreiche Trikot des Sportclub Enschede im Spiel gegen Oergryte Göteborg überstreifen. Zu diesem Zeitpunkt stand schon fest, dass der „Boss" in die Bundesliga wechseln würde. Man ermöglichte ihm damit ein Abschiedsspiel. Es wurde ein versöhnlicher Abschluss. Rahn war sehr aktiv und voller Spielfreude. Die Schweden bekamen ihn zu keiner Zeit in den Griff. Folglich konnte er in dem Spiel zwei Tore zum 1:0 und 2:2 erzielen. Endstand nach 90 Spielminuten: 3:3. [76] Rahn verabschiedete sich nach dem letzten Spiel im Mannschaftskreis aus Enschede. Seine Mannschaftskameraden überreichten ihm einen silbernen Aschenbescher zum Abschied.

21. Juli 1963:

Das letztes Spiel im Trikot des Sportclub Enschede.

Noch eine „Bombe", dann ist Schluss!

SC Enschede vs. Örgryte Göteborg 3:3.

Am 28. Juli 1963 reiste die Mannschaft ohne Kapitän Rahn zum Auswärtsspiel nach Österreich. Der SC Enschede unterlag dem Wiener A.C. mit 1:0.

---

[76] *Vgl. Sportclub Enschede Jubileumboek, 1910-1985, S. 172*

Tabellenstand – Intertoto Saison 1963/64

1.	Oergryte Göteborg	6	8:4	14:10
2.	Wiener A.C.	6	7:5	7:8
3.	F.K. Pirmasens	6	6:6	19:11
4.	**SC Enschede**	**6**	**3:9**	**5:16**

Rahn Trikotage

Quo vadis, Helmut Rahn?

Inzwischen 33 Jahre jung, mit einer gehörigen Portion Heimweh versehen, suchte Helmut Rahn eine neue Herausforderung. Es konnte also nur ein Wechsel in die neu gegründete Bundesliga in Frage kommen. Frau Rahn fasste es in einem Interview vortrefflich zusammen, als sie sagte, dass die Bundesliga es geschafft habe den „*Boss*" wieder zurück in die Heimat zu holen. Weiterhin sagte Sie: „*Wir haben uns in Holland sehr wohlgefühlt. Mit den Kindern wurde es aber schwierig. Zuerst musste unser Ältester jeden Tag zur Schule nach Gronau gebracht werden und wieder abgeholt werden, dann auch noch der Jüngere. Als der Start der Bundesliga dann feststand, hat es uns wieder nach Deutschland gezogen.*"[77] Angebote für einen Wechsel in die Bundesliga gab es zu Genüge, doch er wechselte in den „*Pott*".

Rahns Mannschaftskollege Arend van der Wel sagte in einem Interview im Jahr 2005 rückblickend über Helmut Rahns Zeit in Enschede: „*Er war ungeheuer populär in Enschede, aber natürlich auch nach wie vor in seiner Heimat. Dass tausende Deutsche ins Stadion kamen, haben wir allein schon an den deutschen Autokennzeichen gesehen. Es war ja auch das Kalkül von Henk Olijve, mit Rahn mehr Zuschauer aus der benachbarten deutschen Region ins Stadion zu ziehen. Für den Verein war es ein hervorragender Schritt, aber für uns Spieler war es keine Sensation, als Helmut*

---

[77] *Vgl. Kicken beim Feind?, Ingo Schiweck, MaveriX, 2006, S. 39*

Rahn kam. Natürlich wussten wir, dass er 1954 Deutschland zur Weltmeisterschaft geschossen hatte, und wir waren froh, dass er mit seinen mächtigen Vorstößen und seinen wuchtigen Schüssen da war. Aber es gibt in Holland nicht die Heldenverehrung wie in Deutschland. Johan Cruijff zum Beispiel ist zwar Johan Cruijff, aber wenn der irgendwo reinkommt, stehen nicht alle auf, um zu applaudieren. Helmut hat auch gar nicht viel Aufhebens um sich gemacht während seiner Zeit in Enschede: er hat meistens seine Leistung für den Verein gebracht und war ansonsten ein kameradschaftlicher und geselliger Kollege." [sic] [78]

Preussen Münster?

„Deutscher Besuch - in Verbindung mit Helmut Rahn -" titelte das Dagblad Tubantia am 1. Juli 1963. Das Profifußballkomitee des Sportclub Enschede empfing am Samstagnachmittag den Besuch einer Delegation aus Deutschland, die mit dem SC Enschede über einen Vereinswechsel von Helmut Rahn verhandelte. "Es handelte sich um Vertreter eines Bundesligavereins, der in der Oberliga West spielte", las man in den niederländischen Printmedien. Um welchen Verein es sich handelte, verrieten die Verantwortlichen vom Sportclub Enschede aber nicht. Stillschweigen war vereinbart worden. So spekulierten die Zeitungen, dass es sicher Preussen Münster war, die ihre Fühler nach dem "Boss" ausstreckten. Auch Köln, Schalke und Borussia Dortmund wurden genannt, doch diese Vereine erschienen den Medien aber als nicht logisch. Es kam, wie so oft, ganz anders. Helmut Rahn wechselte zum Meidericher Spielverein.

Wechsel zum Meidericher Spielverein

Helmut Rahn war im Sommer 1963 die spektakuläre Verpflichtung des frischgebackenen Bundesligisten Meidericher SV von der Westenderstraße 60. Eingefädelt hatten den Deal der damalige 2. Vorsitzende Josef Schwickert und Spielervermittler Raymond Schwab. Dies geschah auf Bitte des aus Koblenz stammenden Trainers Gutendorf.

"Riegel-Rudi" - wie er später aufgrund seiner einzigartigen „Riegel-Taktik" genannt wurde - schwor auf Rahn. Gutendorfs Meinung war schon immer: „Fußball ist eine Show - das begreifen einige nie." Und eine Show war er immer: der „Boss". Gutendorf wusste auch, dass bei einem Wechsel Rahns mindestens sechs- bis siebentausend Essener zu jedem Spiel vom „Boss" kommen würden. [79] Rahn wechselte von Enschede nach Duisburg; über die Ablösesumme gab es erneut widersprüchliche Aussagen. Einige Quellen behaupten 60.000 Gulden. [80] Gutendorf selber sagte in einem Interview, dass er höchstpersönlich mit seinem verrosteten VW Käfer [81] und einer Aktentasche nach Enschede fuhr und den Verantwortlichen des Sportclub Enschede einen Scheck mit der festgeschriebenen

---

[78] Vgl. Kicken beim Feind?, MaveriX, 2006, Ingo Schiweck, S. 38, S. 39

[79] Vgl. "Also sprach Metzelder zu Mertesacker" - "Ein Pferd für Helmut Rahn", Kiepenheuer & Witsch, Moritz Rinke, 2012

[80] Vgl. Spiegel Online Artikel – „Tore, Baugruben und ein Eiswein", Ben Redelings, 2012

[81] Vgl. "Also sprach Metzelder zu Mertesacker" - "Ein Pferd für Helmut Rahn", Kiepenheuer & Witsch, Moritz Rinke, 2012

Ablösesumme übergab.[82] Am 11. Juli 1963 bestätigte der Vorstand des Sportclub Enschede dem Meidericher SV postalisch, dass man die Ablösesumme in Höhe von 50.000 D-Mark für den Rahn Transfer am selben Tag als Scheck erhalten hatte.[83] Angeblich wurde der Wechsel gegen die Stimmen eines Großteils der Meiderich Verantwortlichen abgewickelt. Zu groß waren ihre Bedenken und nicht alle waren euphorisch, was den Rahn Wechsel betraf. Damit Rahn einen geregelten Ablauf in Duisburg hatte, zog Gutendorf mit Rahn los und kaufte mit ihm zusammen ein Pferd. Mit diesem Pferd sollte er jeden Morgen um 6 Uhr trainieren. Fortan kümmern sich die beiden morgens um das Tier und gingen danach direkt zum Training. Selbstverständlich kursieren auch heute noch im Ruhrgebiet die Geschichten, dass Rahn mit seinem Pferd in eine Kneipe geritten ist und ein Glas Pils bestellt hat. Rahn liebte den Reitsport. Auch nach der aktiven Karriere traf Rahn sich des Öfteren mit Willi „Ente" Lippens, der ihm nach einem gemeinsamen Frühstück oft ein Trabrennpferd vor den Sulky spannte.

Voller Spannung wurde von den Medien die Meidericher Vorbereitung beobachtet und bewertet. In welcher Form befindet sich der „Boss"? Ist er den Anforderungen der Deutschen Bundesliga gewachsen? Fragen, die den deutschen Fußballfan bewegten. Die Zeitungen waren voll des Lobes: „Im Training ist er eifrig, geduldig auf Kondition bedacht. Der grüne Rasen ist seine Welt." Horst Vetten schrieb: „Rahn ist zwar nicht schlank wie eine Tanne, aber immerhin wie eine Eiche." [84]

Bereits bei seinem ersten Bundesligaeinsatz erzielte Rahn sein erstes Saisontor.[85] An diesem Spieltag war Helmut Rahn einer von drei WM-Helden von 1954. Ebenfalls hatten Hans Schäfer (Köln) und Max Morlock (Nürnberg) den Sprung in die neu gegründete Bundesliga gewagt. In den Spielen ging es oft körperlich robust zur Sache. Leider muss in diesem Zusammenhang erwähnt werden, dass - wie gewohnt - Rahns Gegenspieler auf ihn eintraten. In manchen Halbzeitpausen zeigte Rahn seinen Mitspielern seine malträtierten Waden. Die Mitspieler erschraken. Grün und Blau gefärbt, mit Wasser, das sich in den Schwellungen angesammelt hatte, konnte Rahn einen Finger so tief eindrücken, dass dieser vollständig in der Schwellung verschwand. Rahn trug nie Schienbeinschoner. „Die stören nur", so der „Boss". Solch' ein Foul war auch ein Grund, warum Rahn der erste Spieler in der Bundesliga Geschichte ist, der mit einer roten Karte des Feldes verwiesen wurde. Im Spiel des Meidericher SV gegen die Berliner Hertha am 4. Spieltag wurde Rahn, wie üblich, „zertreten". Als der Berliner Spieler Beyer nach einem Foul direkt vor dem „Boss" stehen blieb, senkte Rahn nur seinen Kopf und traf den Hertha Spieler im Gesicht. Auch wenn die Meidericher Mitspieler vollstes Verständnis für Rahns Reaktion hatten - Rahn war es peinlich. In der Woche nach dem Platzverweis erschien er nicht zum Training. Die Rollläden im Hause Rahn in Essen blieben für mehrere Tage heruntergelassen. Rahn litt. Sportlich lief es für die Mannschaft dennoch hervorragend. Die Juniorenjahrgänge von vielversprechender Klasse begannen zu reifen und sammelten Erfahrung in Gutendorfs „Rollsystem".

---

[82] Vgl. DVD Box: 50 Jahre Bundesliga - Best of Bundesliga 1963-2013, DVD #1, Interview mit Rudi Gutendorf

[83] E-Mail Konversation mit Ab Gellekink am 23. Juli 2020

[84] Vgl. Helmuth Rahn, Mein Hobby: Tore schießen, Deutsche Verlags-Anstalt (DVA), 2004, S. 216

[85] Vgl. RP-Online – Zebras trauern um Boss Rahn, 14. August 2003

„Rollsystem"? Herr Gutendorf?: „Mein Ziel ist es, mit zehn Spielern in Deckung zu bleiben und aus der Abwehr heraus zuzuschlagen. Ganz unverhofft, mit fünf Stürmern und mindestens einem Seitenläufer!" Also: „Alle Mann in Deckung und alles was abkömmlich ist, in den Angriff." [86]

Ein kräftezehrendes System, aber die jungen Spieler zogen mit und fügten sich hervorragend in die Mannschaft ein. Rahn war in diesem System die „Korsettstange" für seine jungen Mitspieler. Der Meidericher Spielverein war in jeder Hinsicht die große Überraschung der Saison. Sie galten vor der Saison als Abstiegskandidat Nummer Eins. Völlig überraschend wurden die Meidericher Kicker, aufgrund des Torquotienten, Vizemeister. Etwas glücklich, denn hätte die Tordifferenz wie heute angewandt gegolten, wären nicht die Wedaustädter Vizemeister geworden, sondern Eintracht Frankfurt.[87]

Immense Verletzungssorgen plagten den „Boss" im Jahr 1964. Im Oktober 1964 zog er sich ein Muskelfaserriss zu. Im Dezember 1964 dann der Schock: Im ersten Training nach seiner mehrmonatigen Verletzungspause stürzte Rahn mit schmerzverzerrtem Gesicht zu Boden und blieb liegen. Die traurige Diagnose im Duisburger Unfallkrankenhaus bestätigte die schlimmsten Befürchtungen: Achillessehnenriss!

Quelle: Bild – 5. Dezember1964

Abermals musste er monatelang pausieren. Nach vier Monaten begann er dann wieder mit leichten Ausdauerläufen und dehnte sich prompt das Kreuzband. Wieder musste er pausieren und wieder nahm er das Training auf. Das Schicksal schlug abermals zu: Der „Boss" verletzte sich erneut. Im November 1965 bat er den Meidericher SV um die Auflösung seines Vertrags. Nach 19 Bundesligaeinsätzen und acht Bundesligatoren war Schluss. Helmut Rahn beendete seine aktive Karriere.[88] Im Jahr 1964 produzierte der Meidericher SV seine Stadionhymne "Zebra-Twist" in der auch Rahn verewigt wurde: "Wo alle Mann, mit Helmut Rahn, sie kämpfen, greifen an ..."

[86] Vgl. Die Deutsche Bundesliga 1964, Kleins Druck- und Verlagsanstalt GmbH, Ben Harder, 1964

[87] Vgl. 100 Jahre Deutsche Meisterschaft, Verlag die Werkstadt, Hardy Grüne, 2003, S. 337
[88] Vgl. Helmuth Rahn, Mein Hobby: Tore schießen, Deutsche Verlags-Anstalt (DVA), 2004, S. 218

Der Sportclub Enschede

Der Sportclub Enschede. Ruhmreicher Verein aus den Niederlanden. Gegründet am 1. Juni 1910, konnte der Sportclub bereits nach sechs Jahren den Aufstieg in die höchste holländische Liga realisieren. Dort verblieb der Verein auch bis 1965. 49 Jahren höchste Spielklasse - einen Abstieg hatte es nie gegeben. Fünfmal nahm der Verein an Entscheidungsspielen um die niederländische Meisterschaft teil (1924, 1926, 1932, 1936 und 1943), doch konnte man nur im Jahre 1925/26 die einzige niederländische Meisterschaft feiern. Als Ende 1954 der Profifußball in den Niederlanden Einzug hielt, war der Sportclub Enschede selbstverständlich mit dabei. Bis 1959 spielte der Verein in der Eredivisie (die holländische Bundesliga) eine sehr prominente Rolle. Im Jahre 1958 wurde der Sportclub Enschede punktgleich mit DOS Utrecht Tabellenerster. Das Entscheidungsspiel ging aber mit 0:1 verloren und somit wurde man nur Vizemeister.

Direkt nach dem Entscheidungsspiel um die Landesmeisterschaft wurde der Sportclub Enschede für ein Freundschaftsspiel gegen den FC Barcelona nach Spanien eingeladen. Die Enscheder verloren am 29. Juni 1958 mit 3:8 gegen die Katalanen unter der Führung von Ferenc Puskás.

Der SC Enschede zu Gast im Camp Nou.

Vorne von links: Ger Donners, Jan van de Wint, Willem Busschers, Joke Weustink.

Hinten von links: Gerrit Moddejonge, Arend van der Wel, Bandi Beres, Gerrit Voges, Gerrit Brouwer, Rinus Schaap, Joop Janssen.

Foto: Archiv SC Enschede

Am 6. Juli gewann der Sportclub in Galizien eine riesige Trophäe, die man nach dem Finalsieg gegen die portugiesische Mannschaft von FC Belenenses in Empfang nehmen konnte.

Turniersieg in Galizien.

Foto: Moser

Den weitaus prominentesten Gegner konnte man am 6. Juni 1959 in Enschede begrüßen: Der FC Santos war mit den Weltklassespielern Pele, Pepe, Zito, Dorval et cetera zu Gast.

Ankündigungsplakat für das Spiel zwischen dem SC Enschede und dem FC Santos.

Quelle: Archiv SC Enschede

Die Mannschaft von FC Santos betritt das Spielfeld im Diekman Stadion.

Foto: Archiv SC Enschede

Legendäre Nationalspieler wie Gerrit Nagels in den 1930ern und Henny Möring in den 1940ern Jahren oder, so die einhellige Meinung in den Niederlanden, der beste Spieler neben Johan Cruijff, Abe Lenstra, spielten für den SC Enschede. Die elf Jahre Profifußball, zwischen 1954 bis 1965, waren für den Sportclub Enschede die Zeit, die den Schwarz-Weißen den größten Ruhm einbrachte. Nicht nur die Leistungen oder die Titel, wie die Vize-Meisterschaft im Jahr 1958 sprachen eine eindeutige Sprache. Ausgestattet mit einem ganz hervorragenden Stadion, verfügte man in Enschede über eine wunderbare Infrastruktur. Der Sportclub hatte Vorstandsmitglieder, die nicht nur "*in den Laden*" passten, sondern "*diesen Laden*" auch noch zu einem Supermarkt ausbauen wollten.[89] Zu dieser Zeit verfolgte man eine vorbildliche Transferpolitik, was die Verpflichtungen von vielen nationalen und internationalen Topspielern verdeutlichen. Der SC Enschede konnte sich später jedoch nicht alleine über Wasser halten und so musste man am 1. Juli 1965 eine "*geschäftliche Ehe*" mit dem Stadtrivalen Enschedese Boys eingehen, aus der der FC Twente '65 hervorging. Der so gebildete FC Twente Enschede wurde weiterhin als Ehrendivisionär eingesetzt, während der SC Enschede und die Enschedese Boys weiterhin als Amateurverein existierten. Die Amateure von Sportclub Enschede verloren in der Saison 1968/69 das Entscheidungsspiel um die holländische Amateurmeisterschaft gegen Middelburg, und spielten nachfolgend noch während siebzehn Spielzeiten in der höchsten Amateurliga. Anno 2020 ist der Verein weit abgerutscht.

Die Grün-Weißen Enschedese Boys existieren nicht mehr. Die Mitgliederversammlung entschied sich am 12. Juni 2017 dazu, die Tore für immer zu schließen. Ein massiver Mitglieder- und Finanzrückgang ließ keinen anderen Schritt zu. Heute existieren in Enschede nur noch, neben mehr als zwanzig anderen Amateurfußballvereinen, der traditionsreiche Sportclub Enschede und der Proficlub FC Twente Enschede.

---

[89] *Vgl. 100 jaar Sportclub - Jubileumboek Sportclub Enschede 1910-2010, S. 37*

Stadion Het Diekman

Stadion Diekman - das Schmuckkästchen mit den charakteristischen Flutlichtmasten. Ab 1947 wurde von den städtischen Behörden Enschedes ein neues Stadion geplant. Es dauerte aber bis zum 12. November 1953, bis der erste Spatenstich erfolgte. Das Stadion wurde mit einem finanziellen Aufwand von drei Millionen Gulden gebaut. Es wurde zunächst vom Sportclub Enschede genutzt. Damit verabschiedete sich der SC Enschede „in Tränen" vom traditionsreichen Sportplatz im Van Heekpark, wo man in der Zeit von 1918 bis 1956 spielte und viele Erfolge feiern konnte. Mit einem Freundschaftsspiel (3:0) gegen Preussen Münster am 8. August 1956 vor 22.000 Zuschauer wurde das Stadion Diekman offiziell eröffnet. Bei der Eröffnung hatte das Stadion eine Kapazität von 5.500 Sitz- und 19.000 Stehplätzen.

Einzigartig auf der Welt wohl auch die Anzeigetafel im Diekman Stadion in Enschede. Während des Spiels wurden die Tore wie folgt registriert: bei jedem Tor des Sportclub Enschede wurde links ein roter Ball aufgehängt; bei jedem gegnerischen Tor wurde rechts ein gelber Ball aufgehängt. Das aktuelle Ergebnis auf dem folgenden Foto lautet in diesem Moment also 3:2 für den Sportclub Enschede.

Einzigartige Anzeigetafel:

3:2 für den Sportclub Enschede.

Nach der bereits angesprochenen Fusion des Sportclub Enschede und den Enschedese Boys zum FC Twente im Jahre 1965 nutzte der FC Twente das Stadion in den Folgejahren von 1965 bis 1998. Seit 1998 spielt der FC Twente in einem völlig neuen Stadion, genannt *Grolsch Veste*, am Rande von Enschede.

Luftaufnahme Stadion Diekman

Foto: Archiv SC Enschede

Schlusswort und Danksagung

Liebe Leser, wir sind am Ende unserer Reise angekommen. Getreu nach Erich Kästner: *„Die Arbeit ist getan, das Buch ist fertig. Ob mir gelungen ist, was ich vorhatte, weiß ich nicht. Keiner, der eben das Wort „Ende" hingeschrieben hat, kann wissen, ob sein Plan gelang. Er steht noch zu dicht an dem Hause, das er gebaut hat. Ihm fehlt der Abstand. Und ob sich's in seinem Wortgebäude gut wird wohnen lassen, weiß er schon gar nicht."*

Ich würde mir wünschen, dass ich ihr Interesse an Helmut Rahn, dem wohl besten Flügelstürmer, den Deutschland je hatte, (neu) geweckt habe. Dann hätte ich ein wichtiges Ziel erreicht.

Zu guter Letzt möchte ich noch gerne den Menschen um mich herum danken, die mich bei diesem wichtigen Buchprojekt unterstützt haben. Menschen, die wichtig sind, um ein Buch schreiben zu können und zu dürfen. Ein ganz großer Dank geht an das Archivkomitee des Sportclubs Enschede. In Persona an Ab Gellekink, Henk ter Heege, Wim Kleine und Rob Wilmink. Danke für all die Zeit, die ihr mit in dieses Projekt investiert habt. Durch Euch ließ sich diese Phase in der Karriere vom *„Boss"* lückenlos vervollständigen. Ich danke meiner Frau für die Unterstützung bei der Übersetzung der niederländischen Zeitungsartikel. Danke an Andreas Dargegen für das Lektorat. Wie schon zuvor stand mir abermals Alexandra Zeidler bei der Aufbereitung und digitalen Nachbearbeitung der Fotos zur Seite. Euch allen meinen aufrichtigen Dank.

Literatur

Unselbständige Literatur

„*Kurze Fuffzehn*" - Jahrgang 1953, Mai Ausgabe

„*Deutsche Meisterschaft 1960*", Gerhard Bahr

Bild

KICKER

De Twentsche Courant

Dagblad Tubantia

Volkskrant

„*de S.S.E.-er*", Orgaan van de Supportervereniging „Sportclub Enschede

Sport en Sportwereld

Sportclub Nieuws

Werkszeitschrift „*Die Trommel*" - Westfalia Separator, 2007

Selbständige Literatur

Die Deutsche Bundesliga 1964, Kleins Druck- und Verlagsanstalt GmbH, Ben Harder, 1964

Sportclub Enschede Jubileumboek, 1910-1985

100 Jahre Deutsche Meisterschaft, Verlag die Werkstadt, Hardy Grüne, 2003

„*...immer wieder RWE*" Die Geschichte von Rot-Weiß Essen, Verlag Die Werkstatt GmbH, Göttingen, G. Schrepper und U. Wick, 2004

Helmuth Rahn, Mein Hobby: Tore schießen, Deutsche Verlags-Anstalt (DVA), 2004

Kicken beim Feind?, Ingo Schiweck, MaveriX, 2006

100 jaar Sportclub, Jubileumboek Sportclub Enschede, 1910 - 2010

"*Also sprach Metzelder zu Mertesacker*" - "Ein Pferd für Helmut Rahn", Kiepenheuer & Witsch, Moritz Rinke, 2012

Abe: De biografie, Johann Mast, Uitgeverij Noordboek, 2019

Online / Internet

https://eredivisie.nl/

RP-Online - Zebras trauern um Boss Rahn, 14. August 2003

Spiegel Online Artikel: „Tore, Baugruben und ein Eiswein", Ben Redelings, 2012

Interview mit Albert Uthoff – http://scoelde09.de/

Weitere

DVD Box: 50 Jahre Bundesliga - Best of Bundesliga 1963-2013, DVD #1, Interview mit Rudi Gutendorf